本科层次职业院校教师专业能力标准构建研究

吴梦军　刘　欣◎著

吉林出版集团股份有限公司
全国百佳图书出版单位

图书在版编目（CIP）数据

本科层次职业院校教师专业能力标准构建研究 / 吴梦军, 刘欣著. -- 长春 : 吉林出版集团股份有限公司, 2023.4
　ISBN 978-7-5731-3297-0

　Ⅰ.①本… Ⅱ.①吴… ②刘… Ⅲ.①高等学校—师资培养—研究—中国 Ⅳ.①G645.12

中国版本图书馆CIP数据核字(2023)第141775号

本科层次职业院校教师专业能力标准构建研究
BENKE CENGCI ZHIYE YUANXIAO JIAOSHI ZHUANYE NENGLI BIAOZHUN GOUJIAN YANJIU

著　　者	吴梦军　刘　欣
出 版 人	吴　强
责任编辑	冯津瑜
助理编辑	李　瑶
装帧设计	李宁宁
开　　本	710 mm × 1000 mm　1/16
印　　张	9.25
字　　数	172千字
版　　次	2023年4月第1版
印　　次	2024年1月第1次印刷
出　　版	吉林出版集团股份有限公司
发　　行	吉林音像出版社有限责任公司
	（吉林省长春市南关区福祉大路5788号）
电　　话	0431-81629667
印　　刷	长春市华远印务有限公司

ISBN 978-7-5731-3297-0　　　定　　价　58.00元

如发现印装质量问题，影响阅读，请与出版社联系调换。

前　言

笔者对职业教育教师能力的关注，开始于十年前学校深化教师教育改革，推进教师教育内涵式发展时期，当时深感职业教育课程改革如火如荼，但是教师专业能力与课程改革差距仍较大，故多年来一直关注"职业院校教师专业化成长"专题研究与学校师资队伍建设。2019 年，学校升格为本科层次职业技术大学后，面对新的办学要求，学校急需提升教师教学、科研能力。因此，在前续研究山东省职业教育教学改革研究项目"高职院校教师评价标准体系的构建与实施"的基础上，笔者一直在思考职业本科院校专业教师如何担当起培养高层次技术技能型人才的重任，符合职业本科院校专业教师工作实际任务的能力领域有哪些，专业能力模型又是什么，职业本科院校合格教师、骨干教师、专业负责人等不同岗位的专业教师能力水平要求如何，职业本科院校教师专业能力的知识、技能要求是什么，职业本科院校教师专业能力现状如何，如何提升职业本科院校教师专业能力。

2019 年，教育部等四部委联合印发的《深化新时代职业教育"双师型"教师队伍建设改革实施方案》提出构建分层分类的教师专业标准体系，以提高职业师资专业化水平。但是，目前我国并没有颁布本科层次职业教育教师专业标准，尚无本科层次职业教育教师应具备的能力维度、能力要素的基本规范。基于此，通过探索与构建本科层次职业教育教师专业能力模型，推动本科层次职业教育教师专业标准制定，促进本科层次职业教育教师专业能力的培养、测量与评价，对于最终提升本科层次职业教育院校师资能力水平，带动本科层次职业教育教学水平和人才培育水平的提升具有重要意义。因此，笔者及团队以山东省职业教育教学改革研究项目"本科层次职业技术教育研究与实践"（委托课题）为依托开展职业本科教师专业能力研究与建设。本研究试图通过本科层次职业院校教师专业能力的理论基础研究、国际比较分析、政策分析、行业企业需求研究、院校实践等多个视角，运用德尔菲法、SPSS（社会科学统计软件包）统计分析技术，在国内外学者早期研究的基础上，找出本科层次职业院校教师的职责和任务，构建本科层次职业院校教师专业能力模型，并进行不同发展阶段的教师专业能力标准制定。

研究取得了三个主要成果。

第一，基于师生之间的逻辑关系、本科层次职业教育的国家政策性文件分析、行业企业智能化升级转型的要求、国际比较研究等多个视角，在充分比较现有能力模型对本科层次职业院校师资队伍建设指导效能的基础上，创新性构建了本科层次职业院校教师专业能力模型。模型的构建注重显示本科层次职业院校教师专业能力构成要素，以及教师专业能力动态发展过程，以期对教师分类发展评价、多元评价、"双师型"教师认定标准制定等具有较好的指导作用。

第二，通过多视角分析以及德尔菲法，本研究开发了《本科层次职业院校教师专业能力测验》问卷，运用探索性因子分析法，制定了职业道德践行能力、专业能力、教育教学能力、研究与改革能力、服务能力、自我发展能力等6个一级指标和遵纪守法、道德示范、涵养教育情怀、弘扬工匠精神、专业认知、专业技术技能、人才培养方案修订、课程标准开发、教学方案设计、教学实施、教研教改、科技攻关与技术技能累计、服务学生学习、服务企业、服务国际交流、专业成长、主动交流合作等17个二级指标，并将新时代教师需要的绿色技能、数字技能、创新创业能力、管理能力等嵌入评价观测点。标准在制定过程中，力求突出本科层次职业教育的类型定位、层次要求和时代要求。

第三，本研究将教师专业能力发展划分为适应、迁移、深化、创新四个发展阶段，根据不同发展阶段教师应具有的专业能力特点制定标准。本研究还利用AHP（层次分析法）为指标体系赋权，从而为精准评价职业本科教师专业能力，开发职业本科教师培养培训课程体系，合理规划职业本科教师职业发展路径提供了理论依据。

本书是笔者主持山东省职业教育教学改革研究项目"本科层次职业技术教育研究与实践"（委托课题，课题编号2019002）的成果之一。书中研究提出的新观点、新方法是一种大胆的探索和创新，难免存在一些不足和缺陷，希望诸位专家和读者斧正。

著　者
二〇二二年十月十日

目　录

第一章　绪　论 ………………………………………………………… 1

　　第一节　研究背景 …………………………………………………… 1
　　第二节　研究意义 …………………………………………………… 2
　　第三节　研究的目标、内容与方法 ………………………………… 3

第二章　能力的概念 …………………………………………………… 5

　　第一节　能力研究的范式 …………………………………………… 5
　　第二节　胜任力 ……………………………………………………… 8
　　第三节　专业能力 …………………………………………………… 10
　　第四节　职业能力 …………………………………………………… 12
　　第五节　核心竞争力 ………………………………………………… 12
　　第六节　对能力研究的思考 ………………………………………… 13

第三章　能力模型与标准的内涵、用途及开发方法 ………………… 14

　　第一节　能力框架、模型与标准的区别与联系 …………………… 14
　　第二节　能力模型与标准的用途 …………………………………… 15
　　第三节　能力模型开发方法 ………………………………………… 17
　　第四节　对本科层次职业教育教师能力模型开发的思考 ………… 26

第四章　从人才培养视角看本科层次职业院校教师专业能力 …… 28

　　第一节　法律、法规及政策性文件等对毕业生的要求 …………… 28
　　第二节　工程技术专业（课程）认证标准对毕业生的能力要求 … 31
　　第三节　区域发展对高层次技术技能人才的能力要求 …………… 42
　　第四节　行业企业对高层次技术技能人才的能力要求 …………… 42

第五节　相关院校的实践经验 …………………………………… 48
　　第六节　学者的相关研究成果 …………………………………… 56
　　第七节　本科层次职业院校毕业生能力模型及标准建构 ……… 60
　　第八节　从毕业生专业能力角度分析教师专业能力 …………… 62

第五章　从法规政策视角看本科层次职业院校教师专业能力 …… 63
　　第一节　国家法律对教师的要求 ………………………………… 63
　　第二节　国务院、教育部相关政策性文件对本科层次职业院校教师
　　　　　　（团队）的要求 ………………………………………… 65
　　第三节　依据国务院、教育部文件分析本科层次职业院校教师的
　　　　　　专业能力要素 …………………………………………… 72

第六章　从其他视角看本科层次职业院校教师专业能力 ………… 74
　　第一节　本科层次职业院校教师能力要求的国别研究 ………… 74
　　第二节　国内外学者相关研究 …………………………………… 85
　　第三节　从《中等职业教育专业师范生教师职业能力标准（试行）》
　　　　　　看本科层次职业院校教师能力要求 ………………… 95
　　第四节　从院校实践看教师专业能力要求 ……………………… 96

第七章　本科层次职业院校教师专业能力模型及标准构建 ……… 99
　　第一节　本科层次职业院校教师专业能力模型构建 …………… 99
　　第二节　本科层次职业院校教师专业能力指标体系的权重 … 107
　　第三节　本科层次职业院校教师专业能力发展的阶段特征 … 112
　　第四节　本科层次职业院校教师专业能力标准 ……………… 114
　　第五节　对本科层次职业院校"双师型"教师标准的思考 …… 114

附　件 …………………………………………………………………… 123

后　记 …………………………………………………………………… 139

参考文献 ………………………………………………………………… 141

第一章 绪 论

第一节 研究背景

一、国家职业教育政策对职业教育教师能力标准建设提出了要求

《国家中长期教育改革和发展规划纲要（2010—2020年）》（以下简称《规划纲要》）在对职业教育的规划中指出，"把提高质量作为重点。……制定职业学校基本办学标准。加强'双师型'教师队伍和实训基地建设，提升职业教育基础能力。建立健全技能型人才到职业学校从教的制度。完善符合职业教育特点的教师资格标准和专业技术职务（职称）评聘办法。建立健全职业教育质量保障体系，吸收企业参加教育质量评估。"在"第四部分 保障措施"中特设"第十七章 加强教师队伍建设"，再次指出，"完善相关人事制度，聘任（聘用）具有实践经验的专业技术人员和高技能人才担任专兼职教师，提高持有专业技术资格证书和职业资格证书教师比例。……健全教师管理制度。完善并严格实施教师准入制度，严把教师入口关。国家制定教师资格标准，提高教师任职学历标准和品行要求。……加强教师管理，完善教师退出机制。"可以看出，教师队伍建设作为提高教育质量的保障措施出现在《规划纲要》中，说明了教师队伍建设对于教育事业科学发展的重要性。而在2019年，《国家职业教育改革实施方案》具体指标中包括，"到2022年……建成覆盖大部分行业领域、具有国际先进水平的中国职业教育标准体系。"这其中就有教师与校长专业能力标准。同年，教育部等四部委联合印发的《深化新时代职业教育"双师型"教师队伍建设改革实施方案》又提出建设分层分类的教师专业标准体系，以提高职业师资专业化水平。可见，教师专业能力对建设现代职业教育体系具有重要意义。

二、我国职业教育科研领域越来越重视教师专业能力标准的研究

21世纪初，"中国—澳大利亚（重庆）职业教育与培训项目"启动，重庆市

开启了中等职业学校专业教师能力标准研究，构建了包括职业道德、行业联系、课程开发、教学组织和实施、鉴定、交流与合作、职场健康、安全的保障与教育、学生服务与管理和专业发展九个一级能力指标和初级、中级及高级三个能力水平的中等职业学校教师能力标准体系，这是一项具有开创意义的研究。此后，研究者从多个角度对职业院校教师专业能力进行了研究。例如：采用定性思辨方法，通过分析职业教育基本属性、职业院校特点、职业院校教师的专业特征、专业形象等构建职业院校教师能力结构；采用工作分析法构建职业院校教师能力结构；等等。早期的研究成果为继续深入探讨职业本科教师专业能力奠定了良好的基础。

三、现实情况要求本科层次职业院校开展教师专业能力标准的建设

2020年，教育部等九部委联合印发的《职业教育提质培优行动计划（2020—2023年）》提出"稳步推进本科层次职业教育试点，并支持符合条件的中国特色高水平高职学校建设单位试办职业教育本科专业。"2021年10月，中共中央办公厅、国务院办公厅印发的《关于推动现代职业教育高质量发展的意见》指出，到2025年现代职业教育体系基本建成，"职业本科教育招生规模不低于高等职业教育招生规模的10%"。2021年11月，国务院学位委员会办公室印发《关于做好本科层次职业学校学士学位授权与授予工作的意见》，明确普通本科和职业本科的学士学位证书具有同等效力。在上述政策的有力推动下，截至2022年8月，我国已经分批次建成本科层次职业院校35所，招生规模6.5万余人。但同时，我国职业院校师资仍存在专业化水平偏低、数量不足、来源单一、校企双向流动不畅、管理体制机制不灵活、结构性矛盾突出等问题，"双师型"职教师资水平难以满足本科层次职业教育高质量发展的要求。质量建设，标准先行，构建教师队伍建设标准体系，是保证教师工作质量的基础工作。基于此，通过探索与构建本科层次职业院校教师专业能力模型，推动本科层次职业院校教师专业标准制定，促进本科层次职业院校教师专业能力的培养、测量与评价，对于最终提升本科层次职业院校师资能力水平，从而带动本科层次职业教育教学水平和人才培育水平的提升具有重要意义。

第二节 研究意义

在"十四五"期间，开展本科层次职业院校教师专业能力研究顺应了社会数智化转型升级以及建设现代职业教育体系的现实需要，具有重要的理论和实践意义。

一是对比分析法律法规及政策性文件、工程技术专业（课程）认证标准、行业企业对高层次技术技能人才要求、相关院校的实践经验、学者的相关研究成果，系统阐述本科层次职业教育培养高层次技术技能人才的内涵要素，解析本科层次职业院校毕业生专业能力标准，建立能够反映学生专业能力形成过程的模型。学生专业能力评价标准体系的构建不但能够支撑教师专业能力评价标准体系的构建，对课程体系构建等也有重要的支撑作用。

二是基于师生之间的专业能力逻辑关系，分析国家法律法规政策、行业企业数智化转型等对本科层次职业院校教师专业能力的要求。借鉴国内外相关学者的经验和研究成果，同时通过对调研数据的科学分析和研究，建立动态、发展性的教师专业能力模型，为教师专业能力提升、"双师型"教师能力培养及认定提供方向。

三是制定相应的教师职业能力评价标准，为教师自我诊断与改进、精准开展教师培训等工作提供依据。

第三节　研究的目标、内容与方法

一、研究目标

（1）明确本科层次职业院校教师专业能力标准的理论基础

该问题主要涉及职业教育教师能力标准的基本概念和范式研究，拟根据心理学、教育学、人力资源管理理论等学科理论界定能力概念，分析不同能力研究范式的优点与缺点，为本科层次职业院校教师专业能力标准的制定奠定理论基础。

（2）构建本科层次职业院校教师专业能力模型

从本科层次职业院校毕业生能力标准、国家政策性文件对本科层次职业院校师资队伍建设要求、行业企业发展需要、国际工程技术认证标准、国内外同类院校实践、研究者早期研究成果中提取能力要素，基于德尔菲法和SPSS数据分析确定指标体系，构建教师专业能力模型，为本科层次职业院校教师专业能力提升明确方向。

（3）制定本科层次职业院校教师专业能力标准

根据AHP分析法对本科层次职业院校教师专业能力各层次要素进行权重分析评价。依据心理学研究成果，将教师专业能力分为适应、迁移、熟练、创新四个层次，根据不同教师能力发展特点和进一步发展要求，制定定性与定量相结合的教师职业能力评价标准。

二、研究内容与方法

（1）能力概念及范式研究

在心理学、教育学、哲学、人力资源管理学等多学科视角下分析行为主义范式、通用主义范式、认知主义范式，以及最近出现的现象学视角下对能力的研究等的能力研究成果，厘清胜任力、专业能力、职业能力、关键能力等能力的概念，为本科层次职业院校教师专业能力标准制定奠定理论基础。在方法上，采用文献分析法和比较研究法等。

（2）专业能力标准开发方法研究

对比分析早期研究者的工作，探讨常用能力开发方法存在的优缺点。在方法上，采用文献研究法和比较研究法等。

（3）毕业生能力标准研究

对比分析法律法规及政策性文件、工程技术专业（课程）认证标准、行业企业对高层次技术技能人才要求、相关院校的实践经验、学者的相关研究成果，构建毕业生能力模型及标准。在方法上，采用文献研究法等。

（4）国家法规政策对本科层次职业院校教师专业能力要求研究

深入分析国家法律对教师的要求，国务院、教育部相关政策性文件对本科层次职业院校教师（团队）的要求，依据国务院、教育部文件分析本科层次职业院校教师的专业能力要素。在方法上，采用文献分析法。

（5）从其他视角分析本科层次职业院校教师专业能力要求

从本科层次职业院校教师能力要求的国别研究、国内外学者相关研究、《中等职业教育专业师范生教师职业能力标准（试行）》、院校实践等分析教师专业能力要素。在方法上，采用文献分析法。

（6）本科层次职业院校教师专业能力模型及标准构建研究

运用德尔菲法、探索性因子分析等方法建立专业能力模型，根据教师专业能力发展不同阶段的特征，分层次制定教师专业能力标准。

第二章 能力的概念

第一节 能力研究的范式

能力的培训和评估的思想起源于 20 世纪 60 年代美国基于表现的教师教育，然而，这不是能力概念的历史起点。这个概念的第一次使用出现在公元前 380 年的柏拉图的著作中。但更早以前，在《汉谟拉比法典》的"后记"中就提到了一个类似的概念。能力甚至在拉丁语中以"Competence"的形式出现，可以理解为能力和权限。到了 16 世纪，这个概念已经被英语、法语和荷兰语所认可。英语单词 competence 和 competency 的使用可以追溯到这个时候。因此，能力的概念有相当长的历史。

然而，在职业教育的发展中，能力的制度化使用是一个最近的现象，并与自我管理学习的引入、理论与实践的结合、先前学习的验证，以及新的学习理论（如真实学习）、社会建构主义和知识建构等其他创新理论联系在一起。因此，能力概念与有意义的目标和学习内容有关，这些目标和内容将促进学生的个人发展，并使他们在知识领域中处于最佳位置，为他们在社会中有效发挥作用做好准备。因为能力与学习理论和其他创新学习方法的关系模糊不清，所以能力的概念存在着各种各样的定义。就研究方法而言，自 20 世纪中叶，能力研究主要有三种范式：行为主义、通用主义和认知主义。随着时代发展，目前又出现了现象学下的能力研究。

一、行为主义范式

将能力本身视为一个实体的思考方式在行为主义研究者和实践者中都很普遍。行为主义范式强调观察成功和有效的工作表现者的重要性，并确定他们与不太成功的同事的区别。这种方法是由麦克莱兰（McClelland）和后来发展成为海麦克伯的咨询公司推广的。为了提高绩效，海麦克伯集团在许多公司中使用这种方法来提高竞争力。麦克莱兰的能力方法提倡在测试中使用能力的概念，而不是智力的概念，并展示了如何通过行为事件访谈来识别能力。麦克莱兰认为能力是通过培训和发展获得的，能力是基于对现场可观察到的行为或表现的描述。行为方法的决定性特征是对行为的示范、观察和评估。因此，能力是一个人在工作中与卓越表现相关的特征，在各种情况下都是常见的。

冈茨指出，行为主义观点的能力是根据与完成原子化任务相关的离散行为来理解的，这种方法不关心任务之间的联系，并且忽略了任务的集合可能导致的它们转换的可能性（整体不大于部分之和）。拥有该能力的证据是基于对行动的直接观察。斯图尔特（Stewart）和哈姆林（Hamltn）评论说，基于能力的培训模式的失败之处在于分析的广度有限，分析的深度过于详细。

二、通用主义范式

通用主义范式的目的更多的是解释共同能力性能的变化。在这种范式中，首先要确定最有效的执行者及其显著特征。然后，通过统计分析，确定优秀员工的主要和一般特征。以这种方式确定的能力可以应用于不同的专业组。冈茨等人证实，通用能力可以根据工作场所的实际情况采取不同的形式。霍格（Hager）强调了通用能力的两个关键特征：首先，它们有助于将注意力引向更广泛的能力方法；其次，它们对工作环境的变化很敏感。巴里克（Barrick）和蒙特（Mount）在对五个人格维度的研究中首先阐述了工作表现的差异，尼霍夫（Niehoff）和穆尔德（Mulder）等人对课程开发领域的通用和基本技能的研究等，都是通用能力范式的良好例证。

对"通用"范式的主要批评包括：缺乏证据证明这种"通用"能力的存在；对"可转移"的可行性的怀疑，能力的去语境化以及它从实际执行技能的具体情况中被抽象出来。冈茨指出这种方法侧重于基本属性，如知识或批判性思维能力，这些能力为可转移或更具体的属性提供基础。在这种范式中，忽略了能力可能应用的环境，能力被视为一般属性。

三、认知主义范式

认知主义范式中使用的能力定义包括所有用于掌握任务、获取知识和实现良好绩效的个人心理资源。关注一般认知能力的经典方法包括人类智力的心理测量模型、信息处理模型和认知发展的皮亚杰模型。

对这种认知方法对能力的理解更狭义地集中在专门的认知能力上。这些专业能力指的是个人在某一特定领域表现出色所必须具备的一系列认知前提。有研究者以知识、技能和态度相结合的形式来创造全面、综合的描述。霍格描述了基于能力的培训和评估的综合方法，能力被概念化为知识、能力、技能和态度，表现在一组精心选择的现实专业任务（有意识的行动）中，这些任务具有适当的普遍性。冈茨等研究者继续从以个人为导向的角度来理解能力，它由知识、技能和态度组成。例如，确保对知识、技能和态度进行评估，但没有适当注意任务对学生的意义，完成任务可能需要的团队合作或学生以前的经验。他们的观点是，基于这样的假设，即在识别能力时，个人和任务可以彼此独立地分开和描述。而有研究者认为事实并非如此。

认知方法的另一种解释是区分能力和绩效。这种解释首先由乔姆斯基（Chomsky）提出，他将语言能力定义为习得母语的能力。基于规则的语言学习和语言使用是语言表现所必需的。目前，能力—表现概念已经被扩展到包括"社会"或"情感"能力，其中"能力"已经取代了原来的术语"智力"。能力发展的认知方法与霍金森（Hodkinson）、伊西特（Isitt）倡导的社会建构方法是并列的，他们制定了支持能力本位教育发展的主要指导方针。该指导方针旨在通过强调指导的重要性，学生和导师之间的持续对话，实践中表现的必要性以及学生必须应对的多学科任务等基本方面，在教育中有效利用能力。一般而言，社会建构方法强调在社会中成功表现所需的能力（如学习、合作、解决问题、信息处理、应对不确定性、基于不完全信息的决策、风险评估）和协作能力发展（作为社会建构学习的同义词）之间的相似性。在建构主义的学习方法中，能力的概念也有很大的差异，但是这些理论也有共同的特征。例如，在帕瓦沃拉等人关于创新知识社区模式的出版物中，回顾了知识创造理论、扩展学习理论、知识构建模型，这些理论都强调了隐性知识和显性知识之间相互作用的重要性。帕瓦沃拉等人得出结论，这些理论之间有许多相似之处。

四、现象学视角下的能力

达拉巴和桑德伯格（Sandberg）认为行为主义能力、通用主义能力和认知方法能力，通常是从属性的角度来看待能力，不仅倾向于产生狭隘的技术技能，也忽视了工人有意义的实践经验。

桑德伯格的能力意向观代表了一种看待能力的新方式，其中个人对工作的动态概念以及他/她与工作的关系得到了认可。现象学方法通过研究学习者对周围世界的概念来揭示学习者的意向维度。从现象学的观点来看，人类只有通过意识的意向性特征才能接近他们的现实，因此人类总是被指向除自身外的其他东西。正如桑德伯格解释的那样——意向特征不仅是我们接近现实的基本条件，而且是我们如何体会现实的生活经验、意义的基本条件。因此，工人在完成工作时使用的每个属性都基于一个特定的含义，这个含义是通过他们的工作经验有意构成的。

主张对人的能力采用解释方法的倡导者反对认知方法，主张工人对工作的概念来自外部工作的内在表现。解释方法的倡导者认为,当工人构思他们的工作,他们积极参与理解它。将生活经验置于中心克服了传统方法的最根本的限制,在传统方法中,这种经验是无效的。现象学研究者认为学生能够通过职业学习和实践的经验来发展能力。这种能力观发展最终适合于职业教育实践,因为它是通过在工作场从事实践培养的。

第二节 胜任力

管理技能问题(这是后来关于胜任力的论文的来源)首先出现在现代科学管理的创立者弗雷德里克·温斯洛·泰勒(Frederick Winslow Taylor)的著作中。20世纪初,工作带来了复杂的技能,典型的业务流程需要特定的能力,这些能力只有通过多年的在职学习和实践才能获得。在科学管理的时代,弗雷德里克·泰勒和亨利·法约尔(Henri Fayol)对装配线的使用将能力从工人转移到了时间和动作研究上。这种哲学把复杂性降到了最低,效率达到了最高,员工只需要简单培训即可以胜任工作需要。在萧条的经济中,员工没有什么价值。如果员工不能处理单调的工作带来的无聊、身体疲劳等问题,有大量的申请人可以填补空缺。

在20世纪中叶,第二次世界大战期间推行了以管理为中心的观点,即军官向服从命令的下属下达命令,而下属则毫无疑问地服从命令。因此,必须有人来管理事情,只有那些有指挥权的人才被认为拥有信息、观点和做出决策的能力。在战后的十年里,大众仍然生活在这种指挥和控制的等级制度下。转变发生在20世纪60年代初,胜任力的概念出现在罗伯特·怀特(Robert White)的著作中,被解释为在其最深层意义上,是一种后天获得的技能,是有针对性、有选择性和持续性的行动,因为这种行动意味着处理环境的内在需要。然而,胜任力概念的提出者是麦克莱兰,他将胜任力视为智力测试的替代品,从而打破了智力感知作为人类活动有效性主要因素的主导地位。麦克莱兰在《美国心理学家》上写了一篇里程碑式的文章,声称当时普遍使用的智商和个性测试是胜任力的预测指标。他认为公司应该根据胜任力而不是智商得分来招聘员工。后来,美国外交部要求麦克伯咨询公司的创始人麦克莱兰开发新的方法来预测人的表现。目的是消除传统智力和能力倾向测试的潜在偏见。这是能力测量领域的开端。

目前,胜任力的概念已成为深入研究的主题,这要归功于组织行为学和心理学家理查德·博亚特兹(Richard Boyatzis)教授的工作,他将胜任力广泛定义为一种能力、一种基本特征,以及导致有效或更好地履行专业职责的特征。胜任力意味着做事情的潜力。一组单独的胜任力包括动机、个人特征、技能,你如何看待你的社会角色，以及一个人使用的知识量——一个人拥有的显性知识和隐性知识。后来大多数关于胜任力的出版物都提出了胜任力的"技能"方法。胜任力还定义了各级管理人员、管理领域工作人员以及分配给特定职位和实际操作所需的员工的权利、义务和责任范围。

霍格将胜任力定义为胜任力是管理者的特征，是能够展示技能和能够在职业领域内取得有效绩效的能力；胜任力还体现了将技能和能力从一个领域转移到另一个领域的能力。对定义的分析表明：胜任力是管理者的个人特征。

胜任力导致技能和才华的展示。因此，必须证明胜任力。胜任力必须是可观察的，不得演绎或推断。

胜任力必须导致有效的绩效。这意味着一个有胜任力的人的表现必须明显优于没有胜任力的人。因此，胜任力指的是将成功与仅仅完成工作区分开来的行为。胜任力还体现了将技能和能力从一个领域转移到另一个领域的能力。

另一个在企业环境中被人力资源专家广泛接受的相关定义是一个人的基本特征，它会在工作中产生有效或优异的绩效。1995年，数百名人力资源开发专家在约翰内斯堡参加了一次关于能力的会议，他们的建议综合出了一个更详细的定义，即一组相关的知识、技能和态度，影响一个人工作的主要部分（角色或责任），与工作绩效相关，可以根据公认的标准进行衡量，并可以通过培训和发展加以改进。

斯宾塞（Spencer）在其《工作能力》一书中，将胜任力定义为个人的一种基本特征，这种特征与在工作环境中评价表现的参考标准相关。

胜任特征有五种类型。

动机——动机驱动、引导或选择行为，以实现特定的行动或目标。动机分为生理性动机和社会性动机，社会性动机是后天习得的，因此在人与人之间有着很大的个体差异。

特征——具有身体特征和对情况或信息的一致反应。

自我概念——个人的态度、价值观或自我形象。

知识——个人在特定内容领域获得的知识信息。

技能——完成某种体力或脑力任务的能力。

知识和技能能力往往是可见的，并且是人的相对"表面"特征。自我概念、特质和动机能力更隐蔽、"更深"且对人格至关重要。表面知识和技能能力相对容易培养，培训是确保这些员工能力的最有效方式。胜任力可以定义为区分高绩效员工的技能、知识领域、态度和智慧。这些特征不容易观察到，但确实存在于"表面之下"。

胜任力是工作的组成部分，反映在工作场所中可以观察到的行为中。最常提到的共同因素是知识、技能、智慧、天赋、个性以及对工作绩效的影响。有各种各样的定义，但差别不大。然而，共同点是工作场所的"可观察行为"。胜任力的标准是卓越绩效和有效绩效。只有某些胜任力可以预测绩效。因此，胜任力可分为两类。

基本胜任力——这些是每个人在工作中都需要的，保持最低工作效率的基本特征，但这并不能区分优秀员工和一般员工。

区分胜任力——这些因素将优秀员工与一般员工区分开来。

第三节　专业能力

专业能力是指在特定的职业组织中，职业主体所具有的与所从事的职业能力相关的能力的集合，更进一步说，它是指在职业组织的职业要求和职业主体的绩效潜力之间相互制衡的情况下，个人所表现出来的能力的集合。专业能力具有组织依赖性和职业情境性。

但是，人们在进行专业能力开发时，往往采取一种机械的方法，即一个人在一系列职业任务中表现出能力，并经过相互独立的评估，就被认为在该职业/专业中是有能力的。换句话说，能力被认为是累积的——如果在任务a、b和c中表现出能力，并掌握了d、e和f中的知识，就被认为是有能力的。因此，有研究者对专业能力开发方法提出了批评，他们认为用于开发能力标准的传统方法是简化的、机械的，并且只关注要执行的任务或者说是支持能力的一般能力。研究者还担心目前的模型不能很容易地考虑能力标准应用的背景或从业者实践的背景。沃尔夫将这一问题描述为一个永无止境的任务规范和一个无止境的清单的创建，以考虑从业者必须执行的各种情况和任务。雷文等也批评了当前能力的概念淡化了知识的重要性，并且不能应用于高层次的认知能力。同样，德雷福斯、舍恩和贝纳都指出当前能力的概念没有考虑从胜任者到专家或大师级的表现的转变。霍尔、维斯科维奇等研究人员、教育学家和实践者认为，目前基于标准的评估方法只处理专业实践的表面问题，而忽视了知识和技能在"现实生活"中整合和协调的整体方式。他们认为，将能力概念化为一系列分散的任务，并不能反映出对专业人员参与的过程的良好理解。

认识到这些弱点后，许多研究人员使用复杂系统理论，设计更综合的方法来开发专业能力。复杂系统是自发的、不可预测的、易变的，不能通过将它们分解成组成部分来理解，并且是非总结性的。换句话说，整体不仅仅是其组成部分的总和。复杂系统可以适应不断变化的环境并改变其结构。它们是涌现的、自我调节的、保持平衡的、相互依赖的。它们最好被理解为完整的实体，并且认识到实体的一个部分的最小变化可以对整体产生不可预测的影响（所谓的蝴蝶效应）。在确定胜任力时要考虑个人与其所处环境的相互作用，以及社会因素对这两者的影响。在这种能力观中，个人能力被概念化为一个整体或子集，与许多其他整体嵌套在一起，这些整体构成了个人工作的社会、文化和物理环境或背景，当试图理解这些部分时，这些都需要被考虑在内。使用这种类型的思维已经导致了能力的更完整的概念的发展。

目前，已经开发了各种各样的综合能力模型，许多是基于管理领域的。一些研究者关注技能，如契特姆和奇弗斯开发了一个综合的能力模型，总共包括了五种相互关联的能力：一是知识/认知能力，指拥有恰当的、与工作相关的知识以及有效运用这些知识的能力；二是职责能力/职能，指有效完成与工作相关的系列任务以及取得既定结果的能力；三是个性行为特征，指在工作情景中采取合适的、可观察行为的能力，包括进行社会交往的能力，如自信、富有活力等；四是价值和伦理能力，指具有恰当的个人和专业价值观并在工作中基于此做出正确决策的能力，包括个人价值观；五是元能力，处理不确定性，学习反思等的能力。

佛朗索瓦斯·德拉梅尔和温特顿·乔纳森认为，工作需要知识、技能和社会能力的结合，一个整体的能力模型对于理解这一点是非常有用的。工作所需要的能力既包括理论上的（认知的、知识和理解层面的），也包括实践操作层面的（职责能力、动作技能和应用技能）；与个体工作绩效联系较密切的能力既包括理论上的（元能力，包括学习能力），也包括操作层面的（社会能力，包括个体行为态度和特征），两位学者同时指出尽管能力可以从以上四个维度（认知能力、元能力、职责能力、社会能力）上加以分析，但在工作中个体想要胜任工作，不但需要具备基本知识，也要具备职责能力和社会能力。

整体性专业能力模型属于静态模型。闫智勇等人认为在职业领域中，职业个体在面临职业任务时，其专业能力会按照任务完成的顺序逐步施展，如果将专业能力施展的顺序依次排列起来，就可以得到专业能力频谱。在元能力的全程参与下，师生的专业能力按照认知能力、职责能力、社会能力的顺序进行运用、相互转移和迁移。个体的动机和意志对于专业能力发展水平和质量具有重要的影响和作用。专业能力频谱属于动态能力模型。

一些研究人员通过将能力的特征整合到一个单一的框架中，进一步发展了综合方法。1996年，奇瑟姆和齐沃斯开发了一个专业能力的综合模型，他们在1998年进一步调整。他们的专业能力模型基于四个核心组成部分，知识/认知能力、功能能力、个人/行为能力和价值观/道德能力——与包含沟通、解决问题和自我发展的总体元能力相互关联。该模型的1998年版本考虑到了反思、动机和个性的重要性以及从业者经营的环境背景。

第四节 职业能力

基于职业岗位对从业者能力的需求,人们对能力的认识历经任务本位能力观——一般素质导向能力观—整合的能力观—新职业能力观等发展过程。

彼得·罗伯逊认为,职业能力代表个人从目前的一套职业职能向一套可行的未来职能过渡的潜力,特别是他们有理由珍视的终身职业。职业资源可以转化为有价值的存在和作用。这里确定了六大类:机构、生活—职业管理、工作和学习、社交、经济、健康能力。(如表2-1所示)

表2-1 六大类职业能力

机构能力	自我效能、积极主动、利用支持和倡导;自我宣传;便利和赋权的背景
生活—职业管理能力	对未来潜在功能的设想;希望和乐观;目标设定、决策和人生规划;过渡技能
工作和学习能力	这个广阔的领域包含几种相关类型的功能。 文化能力:允许一个人在特定的社会环境中运作的语言、行为、举止和共享知识的习惯。 能力的象征:资格、头衔、关键团体或机构的成员。 一般工作和学习能力:适用于各种工作或学习场所的核心技能和态度,包括识字、算术、计算机技能、自我表现、守时、团队合作技能。 特定职业能力:特定工作角色、职业或行业的知识、技能和态度。 学习能力:元学习能力、学习取向、灵活性、适应性和学习技能。
社交能力	与家人、朋友、同事和联系人的关系,提供信息、情感、财务或实际支持;这些关系的数量和质量;社交和网络技能;获得和维持以信任和互惠为基础的关系
经济能力	获得财务收入、资本和流动性,这些可以转化为特定功能所需的资源,这些资源可能包括小组成员资格、费用、服装、住宿、设备或交通工具
健康能力	精神和身体健康的现状及其对预期挑战的稳健性,体格、生物能力

第五节 核心竞争力

某些项目是如此庞大,以至于任何个人都不具备单独完成这些项目所需的能力。因此,大型企业必须识别、开发和管理关键项目的组织核心竞争力。工作场所的能力侧重于个人而非组织,它们因工作岗位和企业而异。衡量的单位是人而不是企业。可能有一些核心竞争力出现在每个职位的能力模型中,但大多数工作场所的能力通常特定于该职位。因此,在组织范围内建立基于核心竞争力的应用程序需要大量的工作。[1] 根据不同的目标，一些模型旨在确定与组织所有成员相关且必要的核心竞争力，无论他们的级别或角色如何。核心竞争力指的是各级员工表现出的行为，而不是人们有时所理解的企业的独特优势。

第六节 对能力研究的思考

回顾前面的内容可以发现，从历史的角度看，能力概念纷繁复杂，能力研究包括外围能力对核心能力，情境脱离与情境依恋，能力倾向于职能还是角色，用知识、技能等要素来表示能力，能力侧重于行为还是潜能，作为能力载体的人与系统，特定能力与一般能力，能力的可学性与不变性，能力的绩效导向与发展导向，等等。从发展的角度看，研究者越来越多地注意到能力与工作行动之间存在的共生关系，研究趋向从割裂的、静态的、横断面的结果性描述，向差异化、动态性和整体性发展。

专业能力是职业院校教师开展教育教学及与之相关的能力，是职业院校教师作为专门职业的核心能力，是教师质量的核心，也是教师专业化的重要体现，因此本研究将教师专业能力作为研究的对象。在能力开发范式中，行为主义范式能力开发虽然受到批评，但是由于行为易于观察、评价，而且职业院校教师的专业能力不是抽象的，而是体现在工作职责和任务的顺利完成中，因此行为主义范式能力开发更适合本研究的目标。另外本研究应立足能力研究前沿，一是充分考虑新时代社会经济发展、国家教育政策对本科层次职业院校专任教师专业能力的要求；二是充分关注价值和伦理能力、元能力对本科层次职业院校教师专业能力发展起着重要的支撑作用；三是要充分意识到专业能力不是静态的，是发展变化的，专业能力标准要突出专业能力发展变化的过程；四是教师个人能力要体现部门、单位的核心竞争力。

---

[1] HAMEL G, PRAHALAD C K. Competing for the Future[M]. Boston: Harvard Business School, 1994

第三章　能力模型与标准的内涵、用途及开发方法

第一节　能力框架、模型与标准的区别与联系

在能力标准研究和实践中，常出现模型、标准、框架三种表述。就内涵而言，模型主要阐述能力概念；标准强调最佳的实践方法或解决方案；框架提供更为宏观和灵活的指导原则，引导指向预设方向的自我选择和发展，强调探索、变通和创新。就适用情境而言，模型适于分析和指导具体实践；标准适于开展评价；框架适于顶层政策设计和指导。就发展趋势而言，框架逐渐成为主流，涵盖了模型和标准。

一般而言，能力框架可分为概念型框架和内容型框架，后者又可进一步分为清单型框架和发展型框架。概念型框架注重从概念认知角度分析内涵、要素及其相互关系。内容型框架强调教育实践导向。其中，清单型框架注重清晰罗列教师能力的序列化标准、指标、阶段、策略等（如表3-1所示）。发展型框架基于清单型框架，以矩阵结构呈现教师能力发展层次及其表现（如表3-2所示）。

表3-1　清单型框架：中国教师（含师范生）信息化能力标准对比（教育部制定）

能力域	2014标准	2018标准	2020规范		2021标准
基本素养	技术素养	基础技术素养	意识态度、技术环境、信息责任	意识与态度；知识与技能	教学实践能力	学习指导
促进学生发展	计划与准备；组织与管理；评估与诊断	技术支持学习；技术支持教学	自主学习、交流协作、研究创新、资源准备、过程设计、实践储备	应用与创新	综合育人能力	班级管理、家校沟通
促进教师发展	学习与发展	—	—	研究与发展社会责任	自主发展能力	学会研究、沟通技能

表 3-2 发展型框架：联合国教科文组织的教师信息通信技术能力框架（2018）

	知识获取	知识深化	知识创造
理解信息技术教育应用政策	政策理解	政策应用	政策创新
课程与评估	基础知识	知识应用	知识型社会技能
教学方法	ICT促进教学	复杂问题解决	自我管理
数字技术应用	应用	灌输	转型
组织与管理	标准课堂	协作小组	学习型组织
教师专业学习	数字素养	建立专业网络	创新型教师

第二节 能力模型与标准的用途

能力模型与标准在人力资源管理系统中起着至关重要的作用，组织的人力资源管理系统在能力模型与标准保证下可以得到更好的发展（如表 3-3 所示）。能力模型与标准为人力资源管理系统带来的连续性管理能够使组织受益。理解能力模型与标准对各种人力资源管理系统的价值有助于判断如何在组织中最好地应用它们。这一点在本科层次职业院校教师队伍管理中是同样适用的。

表 3-3 能力模型与标准在人力资源管理系统中的作用

工作任务	能力模型与标准的作用
招聘	提供拟招聘人员需要的相同的能力和特点
培训和发展	提供为保持绩效水平而必须培养的知识、行为和技能等的标准
继任计划	提供与所考虑职位的成功相关的同一组属性和技能
绩效管理	澄清组织对个人的期望
考核制度	关注具体的行为，为认可、奖励和可能的晋升提供路线图

一、有助于招聘优秀教师（人才）

能力模型与标准提供了完成本科层次职业教育专业教学所需能力的完整描述，从而确保招聘人员除了关注所需的学历和企业实践经历，还会寻找做好工作所需的特征。它还为面试者提供了一种方法，让他们清楚而现实地了解用人单位对候选人的期望。将经过验证的能力模型与标准纳入甄选系统确定了与高水平工作绩效密切相关的能力。因此，招聘人员可以很快地准确判断谁缺乏关键的技能、知识或特征，并关注那些潜力巨大的人。这样也减少了花在招聘和培训上的时间和金钱，以及教师替换对教学工作造成的负面影响。

二、有助于建立基于能力的培训和发展平台

结构良好的能力模型与标准包括与工作效率密切相关的行为，支持本科职业学校的战略决策和发展，以及维护实现其业务目标所需的文化。在保持教师和本科职业院校关注影响工作绩效的技能、知识和特征方面发挥着重要作用。

结构良好的能力模型和标准使本科职业院校教师培训组织能够以高质量的方式履行工作职责。首先，使用能力模型与标准作为培训和发展系统的基础，有助于避免短期观点，并确保系统关注正确的事情，而不是最新的事情。一个有效的培训和发展系统必须从长远的角度考虑学校的需求，必须注重培养目前劳动力中无法获得的人才，以满足这些需求。其次，通过能力模型与标准可以区分对绩效影响最大的培训课程和与人们在工作中需要的行为关系不大的培训课程，加强对稀缺资源的使用计划。再次，能力标准有助于确定相关的技能差距，确保培训和发展预算的合理使用。最后，能力模型和标准确保了本科职业院校组织机构对成功完成工作所需的一切都有相同的认识，并提供了可作为建设性发展讨论基础的行为示例。

能力模型与标准有助于教师终身发展。为了取得同样或更好的成绩，教师必须具备所需的特定技能、知识和特征。能力模型与标准模型可以帮助教师更好地评估他们当前的能力，并确定他们需要发展哪些能力来取得更好的成果。这也有助于确定教师阶段性发展的需要，增加了相关技能通过工作经验得到应用和加强的可能性。能力模型和标准还为教师培训和发展提供了一个框架，提供持续的反馈，确定最有用的在职发展机会，加强在培训计划中学习的概念和技巧。

三、有助于加强 360 度反馈

能力模型提供对将要监控和衡量的内容的共同理解。与绩效评估相结合的能力模型确保了完成工作与如何完成工作之间的平衡。建设高水平本科层次职业院校的关键问题不仅在于结果，而且在于取得这些结果的行为和方式。与组织目标相一致的模型特别描述了用于衡量教师成功的绩效标准。

能力模型关注并促进绩效评估讨论。组织面临的挑战是，以一种专注和有用的方式讨论一个人的行为，而不是让个人处于防御状态。能力模型对成功至关重要的技能、知识和特点进行了明确描述，为组织与教师进行绩效讨论提供了从何

处开始讨论以及重点关注哪些领域的路线图。

能力模型提供获取行为信息的重点评估流程，包括一种简单、准确的方法，供组织评估工作绩效。

能力模型确保管理部门有机会观察绩效讨论中行为的特殊性和具体性，并以结构化的方式处理大量数据。

四、有助于建立基于能力的继任规划系统

继任规划需要职位列表明确胜任职位需要的能力，同时还要考虑到个人的发展需要和缩小差距的建议行动。结构良好的能力模型和标准，对编制继任计划有重要的意义。第一，能力模型和标准有助于定义填补该职位所需的能力，以及能够有力预测成功的行为。第二，能力模型和标准提供一种评估候选人准备情况的方法，确定候选人是否以及何时准备好担任某个角色。能力模型和标准及其360度反馈流程可用于创建一个工作所需的标准列表。第三，能力模型和标准将培训和发展计划重点放在解决缺失的能力上。能力模型和360度反馈流程建立了一个强大的配对，以确定候选人在组织中取得进步之前需要改进的领域。第四，能力模型和标准描述了角色所需的能力，360度反馈提供了评估候选人当前能力的方法。第五，能力模型和标准允许组织衡量其替补的实力。第六，对能力水平和相关行为进行单独和综合评估，有助于确定组织层面是否存在关键能力。

五、有助于使行为与组织战略和价值观保持一致

能力模型和标准可以有效地向教师传达高级管理层的价值观以及教师在自己的行为中应该关注的内容。例如，基于能力的评估体系有助于区分具有建立和维护组织价值观（团队合作、尊重个人创新或主动性）所需特征的个人与没有表现出支持这些价值观的行为的个人。通过这种方式，能力模型和标准可以将组织所需战略和文化变革的一般信息转化为具体信息。

第三节　能力模型开发方法

一、常用的能力模型开发方法

能力模型开发方法包括通用模型法、工作能力评估法、系统性反思法。

（一）通用模型法

通用模型法，通过对目前使用的模型进行修改，获得组织需要的模型。具体

包括：通用模型叠加法（利用现有的通用能力模型进行修改），定制通用模型方法（组织使用内部确定的暂定能力列表来帮助他们选择通用模型，然后用优秀和一般表现者的输入来验证该模型），灵活的工作能力模型方法（该方法旨在确定未来在不同条件下有效工作所需的能力），等等。

案例一：

威海职业学院的王亚盛教授在分析冰山模型和洋葱模型后认为，这两个模型都具有很好的普适性、宏观性和使用价值，但是在将其应用到具体问题、系统性问题的过程中发现，这两个模型在反映职业能力各个结构要素之间的特性、逻辑关系、层次等方面还有一些不足。[①]为此，通过多年的实践应用、研究、分析和完善，在应用修正任务分析法、行为访谈法进行定性研究，并在采用因子分析法、信度分析法和聚类方法进行定量分析的基础上，提出了"三维度多层次"高等职业院校教师职业能力模型。

三维度为社会能力、方法能力和专业能力。多层次为核心素质、职业核心能力、职业基本能力、教育教学设计能力、教育教学实施能力和职业拓展能力。

王亚盛教授认为，第一，模型各个层次之间存在相关关联、相互制约的逻辑关系。其中，最核心的部分是核心素质，往外展开依次为职业核心能力、职业基本能力、教育教学能力、教育教学实施能力、职业拓展能力。低层次是高层次的基础和支撑。

第二，社会能力（x）、方法能力（y）和专业能力（z）不是职业能力（F）的三个组成部分而独立存在，而是职业能力的三个维度，可用 $F=f(x, y, z)$ 表示他们之间的函数关系。

$F_{核心素质}=f(x,y)$

$F_{职业核心能力}=f(x,y,z)$

$F_{职业基本能力}=f(y,z)$

$F_{教育教学设计能力}=f(y,z)$

$F_{教育教学实施能力}=f(x,y,z)$

$F_{职业拓展能力}=f(x,y,z)$

第三，同一项职业能力要素在不同职业岗位体现不同的内容属性。例如，交流沟通能力通常被归为社会能力、方法能力范畴，而在以语言交流为主要工作的岗位中，交流沟通能力则是专业能力，所以有 $F_{交流沟通能力}=f(x,y,z)$。

第四，基于 x 轴制定对高职教师职业能力进行评价的方法和激励措施，短期效果显著，但不利于教师队伍的长期建设和稳固发展。基于 z 轴和 y 轴建立发展

---

① 王亚盛.提升高职院校教师职业能力方法研究——职业能力结构要素与标准构建[M].北京：清华大学出版，2014.

性评价体系能够使高职教师队伍建设取得短期、长期稳定发展的效果。

研究局限：笔者在使用"三维度多层次"高等职业院校教师职业能力模型后认为，F 与 $f(x, y, z)$ 之间的关系大部分属于哲学思辨，也无法将教师能力分维度进行培养。

案例二：

继 PISA（国际学生评估项目）在 2000 年开展之后，瑞士各州教育部长会议于 2003 年启动了一项改善学校的计划，包括教育标准的定义和对教育系统的定期监测，也就是 Harmos（九年义务教育学制）项目。Harmos 是一个由多个部分组成的项目，旨在协调瑞士 26 个州的学校系统。在政治层面上，它由一项省际协议组成，该协议规定了教育系统的基本特征，包括入学年龄和学制。它还引入了教育标准和对这些标准实现情况的监测。

除其他目标外，该项目修改了 COMET（综合职业能力测评）职业能力模型（如图 3-1 所示），建立了 Harmos 能力模型，制定了基于能力模型的教育标准。模型的共同基本结构（如图 3-2 所示）：两个维度定义了能力的组成部分。一个维度描述内容领域，如形状和空间或数学中的数字和变量，或一般活动，如语言写作或听力。另一个维度描述了能力的过程、行为或方面，如运算或数学推理和论证。第三个维度描述了所获得的能力的程度，其水平以典型的认知过程或在每个水平上掌握的表现为特征。

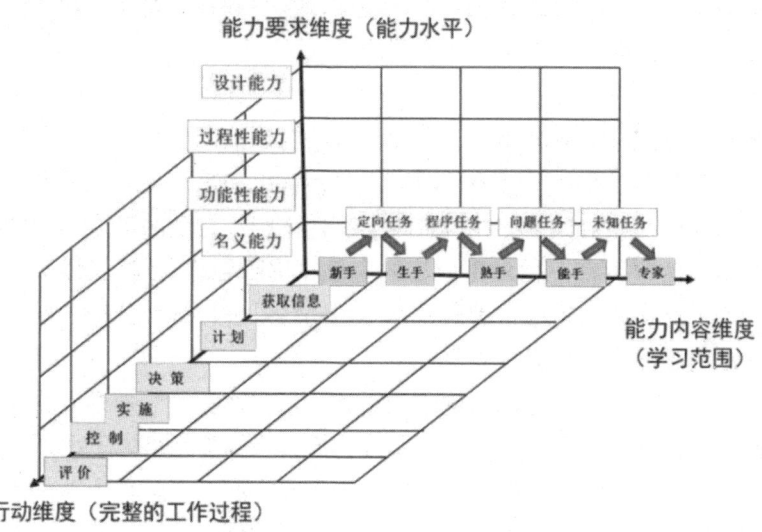

图 3-1 COMET 职业能力模型

Harmos 项目遵循一些原则。

第一，能力是通过学习获得的，并基于特定内容的知识，它们包括动机和道德成分。

第二，教育标准是描述每个学生应该掌握什么的基本标准。

第三，标准嵌入在能力模型中。能力模型必须通过具体的任务和测试来证实。

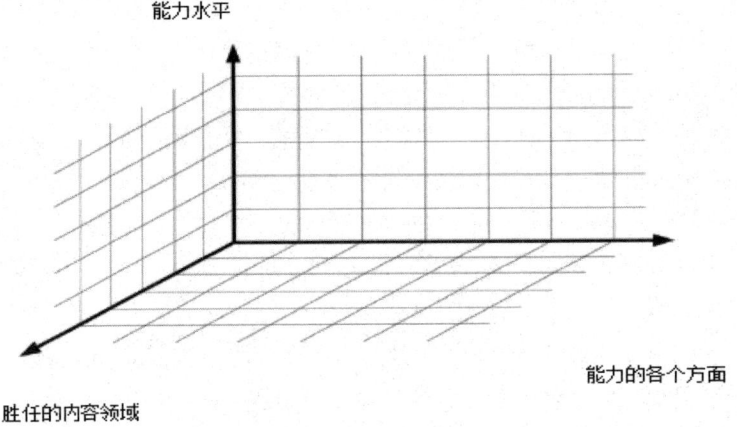

图 3-2 Harmos 能力模型的基本结构

（二）工作能力评估法

根据对优秀和一般表现者的采访、观察，编制调查问卷，并对统计数据进行分析，以确定他们在关键事件中的不同能力。

案例一：

王琴在职业院校"双师型"教师胜任力结构研究[①]中，主要采用行为事件访谈法进行"双师型"教师胜任力的研究。对绩优组和普通组"双师型"教师进行深度访谈，要求访谈对象描述在教育教学工作中曾经发生的最为典型的事件，包括三件最成功的事件和三件最不成功的事件。按照自编的《"双师型"教师胜任力编码词典》对访谈内容进行编码，并对编码结果进行统计分析，最后运用团体焦点访谈法对胜任力模型进行验证。

研究局限：王琴在研究的讨论中表示，比较构建的"双师型"教师胜任力结构模型与初步的假设"双师型"教师胜任力要素指标体系可以看出，尽管人们认为"国际交流与合作"是教师胜任力的一个重要方面，但从行为事件访谈的结果来看，这一维度的胜任力要素在访谈文本中出现的频率几乎为零，某种程度上反映了我国职业院校的国际化交流与合作的领域还不够广泛，专业教师参与不多或深度不够，这方面的主题未能成为"双师型"教师印象深刻的事件。此外，建设

---

① 王琴. 职业院校"双师型"教师胜任力结构探析 [J]. 教师教育研究，2022，34（2）：53-60.

智能化教学的课程资源、开发活页式／工作手册式教材等要素出现频率也很低，说明尽管我国职业教育教学改革一再倡导教师应具备这些能力，但基于实证的研究表明，即便是绩优的"双师型"教师在这些方面表现也不突出，这些能力并非决定教师绩效的关键因素。而对于"制定完善课程标准能力"，教师则认为这不应该是他们的工作职责范畴，课程标准的制定应该是相关领域专家的任务。访谈中，有绩优教师谈道："我们教师的主要任务应该是教学，编制课程标准不应该是我们的工作。"这表明课程标准的编制能力不应成为"双师型"教师胜任工作的关键能力。上述研究也印证了斯宾塞的观点。专家假设的能力与行为事件访谈比较，只有50%的正确率，他们所建议的能力有25%无法经行为事件访谈证实，同时也会遗漏行为事件访谈的25%的分析资料。

案例二：

房亮等在本科层次职业教育教师专业能力模型建构[①]中，基于对本科层次职业教育教师专业能力概念和内涵剖析的基础上，采用关键事件访谈法、工作任务分析法、问卷调查法、SPSS 23进行分析，构建了包括10个核心专业能力和43个能力单元的本科层次职业教育教师专业能力模型，并通过探索性因子分析和验证性因子分析对该模型进行了验证。

研究局限：本模型个别指标不理想，原因可能为，其一，模型的样本数量偏大，测量变量较多会引起各指标的拟合值较低。其二，问卷调查采用自评量表，易使被试样本出现社会赞许效应，影响测量效果的准确度。本模型拟合度基本符合结构方程模型要求，RMSEA（近似误差均方根）拟合水平总体都达到了较高的水平，NFI（规范拟合指数），AGFI（调整的拟合优度指数）和CFI（比较拟合指数）等指标在0.90左右。信度与效度（结构效度、聚敛效度、区分效度）均处于理想水平，模型基本适配可以接受。同时，由于本科层次职业教育尚处于试点阶段，被试样本群体数量相对较少，后续研究应对样本容量进行提升，提高被试的代表性，进一步对模型结构进行优化。

案例三：

AHP方法即层次分析法，是一种将决策相关的元素分解成目标、准则、方案等层次，并在此基础上进行定性和定量分析的决策方法，由美国运筹学家萨蒂（Saaty）在20世纪70年代提出。在获得了高校教师非学历教育胜任力的指标体系的基础上，还需要确定体系各层次各因素之间的权重，才能用于实际的评估操作。由于各项指标的复杂性和多样性，评价主体的评价目标和标准存在差异，比较适合采用AHP法来进行衡量。在将高校教师非学历教育胜任力指标体系转换

---

① 房亮，关志伟，蔡玉俊.本科层次职业教育教师专业能力模型构建与验证[J].职业技术教育，2022，43（8）：52-59.

为 AHP 方法的不同层次后，运用一致矩阵法请专家将不同因素进行两两比较，以避免在确定权重的时候主观片面。一致矩阵法采用相对尺度，尽量减少性质不同的诸因素相互比较的困难，提高准确度，从而获得一个相对客观合理的权重。陈霓等利用 AHP 方法对高校教师非学历教育能力指标进行权重计算。[①]

案例四：

杨世玉等通过德尔菲法的科学调查分析建构高校教师教学能力的精细化评价体系。研究采取非概率"主观抽样"的方法，从高校、教研机构中邀请 25 位咨询专家，他们主要从事课程与教学论、教育学原理、教师教育、比较教育等学科专业的研究，采用德尔菲法进行两轮专家咨询，最终构建高校教师教学能力指标体系。参考澳大利亚初任教师教育项目认证：标准和程序、美国 InTASC 示范核心教学标准、加拿大安大略省专业实践基础、英国高等教育教学与支持学习专业标准框架等国际教师专业标准，结合教师专业发展阶段特征，借鉴学习进阶理论、教师 PCK（学科教学知识）发展理论，与数学、英语、语文、教育等学科专家多轮研讨，从而确定高校教师教学能力的水平层级。

（三）系统性反思方法

系统性反思法是指反思执行者现在做了什么或他们总体上做了什么，以及反思对未来可能重要的行为。

案例一：

蔡玉俊、叶帅奇、赵文平等研究者系统性反思了本科层次职业技术大学人才培养目标——现场工程师的培养要求。[②] 首先，理论教学层面，要能将枯燥的理论知识情景化，能将生动的生产案例课堂理论化，要及时将最新技术引进课堂，要能对新技术的应用进行理论解构和外延推广，能从理论角度解决各种加工制造过程中的疑难问题。其次，实践教学上，不但要能熟练进行各种设备的操作，熟悉各种加工原理，擅长制定各种加工规程，能够对各种加工过程做前瞻性全程把控，更要深入研究技能学习与形成的要素，不但要自己能操作，还要擅长教授技能。再次，科研层面，除了进行专业方面的横向科研，还要能够进行职业教育方面的相关研究，尤其是技能形成和职业素养生成等相关研究，以便更好地服务产教融合。最后，服务企业层面，主要体现在教师要用自己的智力资本为企业提供服务，或为企业员工在理论知识学习和学历提升方面提供培训和帮助。研究者在其研究的基础上构建了本科层次职业教育教师产教融合能力结构模型（如图 3-3 所示）。

---

① 陈霓.基于 AHP 的高校教师非学历教育胜任力模型研究 [J].继续教育研究，2022（6）：18-23.
② 蔡玉俊，叶帅奇，赵文平.本科层次职业教育教师产教融合能力发展探析 [J].教育理论与实践，2022，42（6）：23-27.

第三章 能力模型与标准的内涵、用途及开发方法 | 23

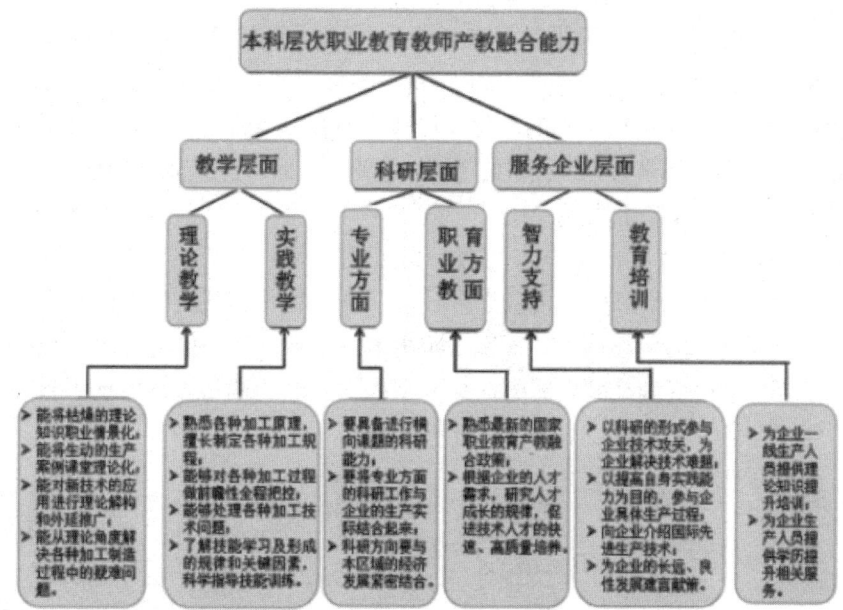

图 3-3 本科层次职业教育教师产教融合能力结构模型

案例二：

闫智勇、吴全全、蒲娇等，对法国、英国、美国、澳大利亚、德国、新加坡、日本、中国和欧盟等国家和地区的职业教育教师能力提升和能力标准建设经验进行了比较研究，分析了各国教师专业能力标准的共同趋势、理论依据、专业模型、专业能力结构、专业能力范式、专业能力标准研究领域、研究维度和指标体系以及各国教师专业标准与教师资格标准和教师职务评审标准之间的关系等。[①] 结合当前各国职业教育教师专业建设经验之不足，探讨了校企合作视野下、范式融合视角下及经济新常态视野下职业教育教师专业能力提升的对策。结合当前各国职业教育专业能力标准建设中的不足，基于工作过程系统化课程开发范式的优点，建构了适合我国国情的职业教育教师专业能力测评模型、指标体系和专业能力发展的长效机制。

案例三[②]：

欧盟教师数字胜任力框架包括 6 个胜任力域，共有 22 项能力。在此模型中，基于布鲁姆分类法（从"记忆"和"理解"，到"应用"和"分析"，最后到"评

---

① 闫智勇，吴全全，蒲娇. 职业教育教师能力标准的国际比较研究 [M]. 北京：中国致公出版社，2019.
② 郑旭东，马云飞，岳婷燕. 欧盟教师数字胜任力框架：技术创新教师发展的新指南 [J]. 电化教育研究，2021，42（2）：121-128.

价"和"创造"),系统性反思教师从新手到探索者、到综合者、到专家、到领导者、到开拓者等不同层次的能力要求:新手(A1)和探索者(A2)指胜任力为初级水平的教师,能获取新信息及开展基本的数字化实践;综合者(B1)和专家(B2)指胜任力为中级水平的教师,能应用、拓展和反思他们的数字化实践;领导者(C1)和开拓者(C2)指胜任力为高级水平的教师,能传授他们的知识,批评现有实践及开发新的实践应用。

为了帮助教师精准定位自身的数字胜任力水平,此模型使用"意识""探索""整合""专长""领导""创新"来代表从新手教师到开拓者教师在数字胜任力各水平上所具有的典型能力,如图3-4所示。其中,箭头指向代表了教师数字胜任力及其水平由低到高的发展方向,并从胜任力域的视角详细展现了教师数字胜任力熟练度的发展过程,如图3-5所示。

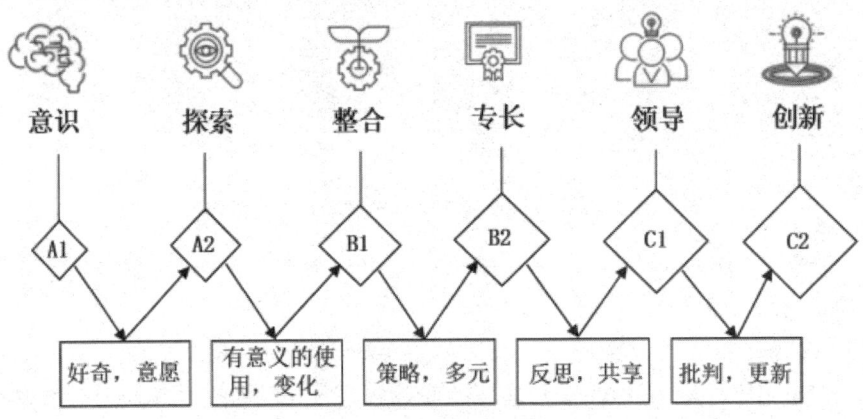

图3-4 教师数字胜任力进阶发展模型

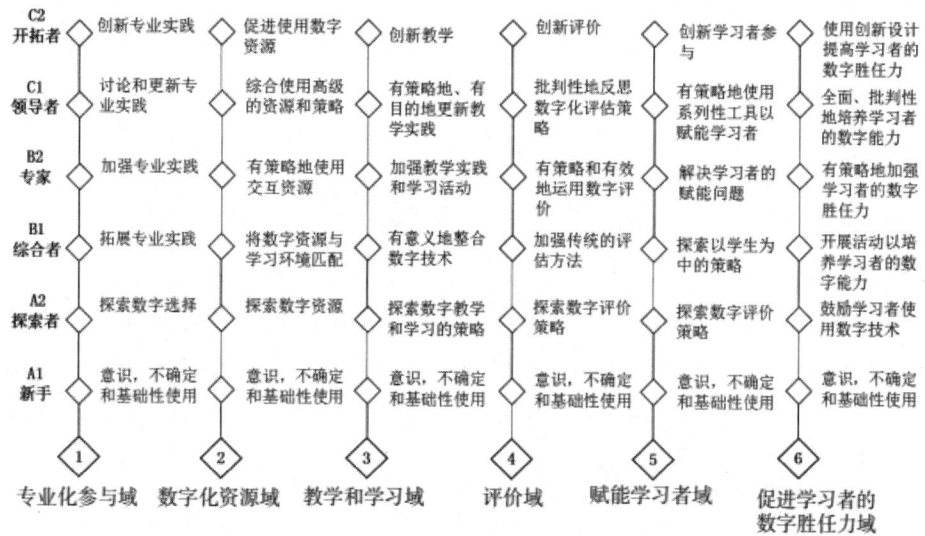

图 3-5 教师数字胜任力熟练度的发展示意图

二、建立能力模型的信息来源

分析不同适用范围和功能的能力模型可以看出，建立能力模型的信息来源也可以是多样的，具体包括以下几类。

（1）法律法规

政府及教育监管机构颁布的法律法规，适用于提炼具有普适性的能力标准。这些都是巨大的潜在能力标准来源。不仅需要了解法规，还需要了解如何遵守法规并报告结果。

（2）行业的相关规定

各个行业都有自己的专业能力模型和评估方法，这些范围从许可到行业集团指导方针和认证。执业执照、认证计划提供了教师职业能力要素、标准的极好来源。

（3）职业院校的相关规定

职业院校的愿景和使命陈述反映了职业院校的总体理念：它将走向何方、做什么及应该如何行动等。教师的能力需要反映学校不断变化的使命和愿景。这些语句可以为模型建立一个总体主题，在建立模型时也很有用。

（4）工作组愿景和声明

许多院校中的工作组（院系或者是专业）都有自己的愿景和使命声明。他们还有专门的程序和文件，仅适用于其工作组特有的情况。工作组级别的能力在具有混合工作结构的院校组织中更为常见。当模型设计允许使用同一框架评估多个主题时，需要工作组级别的能力。该数据库也成为职业规划、继任规划或未来职位规划的基础。

（5）背景信息

从背景知识中也可以提炼出特殊的能力。背景知识一般储存在学术刊物、合作者反馈、雇主反馈、流程文档、现有文件尤其是现有的教师培训文件中。

第四节 对本科层次职业教育教师能力模型开发的思考

一、能力模型的建构要有国际水平和中国特色

首先，随着时代的发展，国际能力模型开发也出现了新的趋势，这些新的开发理念，应该被纳入本科层次职业教育教师能力模型中。其次，各个国家对能力的理解不尽相同，如在英国，能力被理解为将知识、理解和技能应用到工作中以达到工作要求标准的能力，包括解决问题和满足不断变化的需求的能力。法国胜任力模型以知识、职能胜任力和行为胜任力三要素为核心。在《中国制造2025》背景下，中国职业教育专业能力是专业基本能力和多种岗位能力的复合，除专业能力外，还包括创新能力、绿色能力、信息技术应用能力、应用转换能力等。[1]本科层次职业教育教师专业能力模型建设应符合中国对能力的理解。

二、能力模型建设要注意统计学谬误

当前，对教师专业能力多采用数据统计分析方法，但是数据统计分析方法的客观性、精确性、科学性需要进一步考量。其一，将指标直接加和违背代数法则，即在当前的教师专业化发展评价中，将横向划分指标测量值直接加和或者横向划分指标赋权获得测量值后直接相加，这些指标的量纲不一致，直接加和违背代数法则，且赋权方法之间的信度并不一致，效度的差异也很大，很容易造成人为的误差甚至错误；其二，差异量数相加抹杀数据内涵，即尽管标准差和差异数法消除了指标统计数据的量纲，使得统计数据可以进行任何代数运算，但是由于各指标测量值所指代的本质和内涵并不相同，通过差异系数法和标准差相加的合理性仅仅在于数据运算法则的合则性，并不是数据内涵的一致性；其三，被调查人员的数量、背景等也会对统计数据的结果产生影响。

---

[1] 关怀庆. 职业院校复合型技术技能人才能力培养分析与培育策略[J]. 南方职业教育学刊. 2021，11（4）：95-102.

三、能力模型应能体现"分层分类、发展性评价"

教师分类评价要关注评价结果对教师的影响,应帮助教师进一步了解自己的发展水平与进一步发展方向,促进教师的反思与成长,体现评级的发展性功能。以促进教师发展为目的的发展性评价模式,在评价目的上具有科学性。将教师发展的内驱力与外驱力相结合,能有效促进教师发展。以管理为目的仍然只是为了方便教师管理而设计的。这种以管理为目的的评价模式落后于促进教师专业发展与教育高质量发展的评价的目的,也与评价机制的多元化、科学化发展需求存在差距。

四、能力模型要能够支持院校特色办学

经历了改革开放后 30 多年的发展,职业院校的办学规模已近教育体系的一半。职业院校的办学水平、规模、质量已发生了层级和结构上的演化。这种演化趋势与区域经济发展、产业结构升级、生产岗位分层密切关联,职业院校群体内部已发生了明显的分层,并按照资源依赖程度嵌入了相应的"生态位",逐步形成不同的办学特色。教师专业能力模型建设要能够支持院校特色化办学。

第四章　从人才培养视角看本科层次职业院校教师专业能力

2014年6月，教育部等六部门联合印发的《现代职业教育体系建设规划（2014—2020年）》提出，"在办好现有专科层次高等职业（专科）学校的基础上，发展应用技术类型高校，培养本科层次职业人才。"2019年1月，国务院印发的《国家职业教育改革实施方案》提出，"完善高层次应用型人才培养体系……开展本科层次职业教育试点。"2020年9月，教育部等九部门联合印发的《职业教育提质培优行动计划（2020—2023年）》强调，"稳步发展高层次职业教育"。2021年1月，教育部办公厅出台的《本科层次职业学校设置标准（试行）》（以下简称《标准》）明确指出本科层次职业学校办学定位要"坚持面向市场、服务发展、促进就业的办学方向，坚定职业教育定位、属性和特色，培养国家和区域经济社会发展需要的高层次技术技能人才"。

高层次技术技能人才的能力结构如何，可从国家政策性文件、行业企业要求、国外同类院校比较研究、本科层次职业技术大学办学实践等几方面分析。

第一节　法律、法规及政策性文件等对毕业生的要求

一、国家法规对本科层次职业院校毕业生的要求

（一）《中华人民共和国高等教育法》对本科层次院校毕业生的要求

《中华人民共和国教育法》（以下简称《教育法》）是全部教育法规的"母法"，是协调教育部门内部以及教育部门与其他社会部门相互关系的基本准则，也是指定其他教育类法律法规的依据，研究本科层次职业教育就必须关注《教育法》。2021年4月29日，第十三届全国人民代表大会常务委员会第二十八次会议审议通过了《全国人民代表大会常务委员会关于修改＜中华人民共和国教育法＞的决定》，2021年4月30日起施行。《中华人民共和国高等教育法》（以下简称《高等教育法》）对本科层次毕业生的要求包括社会责任感、基础理论、基本知识、

实践能力、创新精神、从事本专业研究工作的初步能力等。（如表4-1所示）

表4-1《中华人民共和国高等教育法》对本科层次毕业生的要求

能力要素	相关法律条文
社会责任感	第五条 高等教育的任务是培养具有社会责任感、创新精神和实践能力的高级专门人才，发展科学技术文化，促进社会主义现代化建设
创新精神	
实践能力	
基础理论、基本知识	第十六条（二）本科教育应当使学生比较系统地掌握本学科、专业必需的基础理论、基本知识，掌握本专业必要的基本技能、方法和相关知识，具有从事本专业实际工作和研究工作的初步能力。
技能、方法和相关知识	
从事本专业实际工作的初步能力	
从事本专业研究工作的初步能力	

（二）《中华人民共和国职业教育法》对职业教育毕业生的要求

《中华人民共和国职业教育法》（以下简称《职业教育法》）于1996年公布实施，在过去的26年中，伴随着中国经济社会的发展，我国建成了世界上规模最大的职业教育体系，职业教育在支持国家经济社会发展中发挥了重要作用。如今，我国进入了中国特色社会主义新时代，经济和产业发展模式发生了重大调整和变化，职业教育如何适应新时代经济和产业发展的要求；如何建立支持经济和产业发展，培养高素质的技术技能劳动者的现代职业教育体系，满足企业用人需求，促进劳动者高质量就业，已成为了《职业教育法》要重点考虑的核心问题。梳理《职业教育法》（2022年）全文，本研究认为对毕业生的要求主要包括素质、技术技能、科学文化与专业知识、就业、创业、职业道德、工匠精神、劳模精神、劳动精神等（如图4-1所示）。

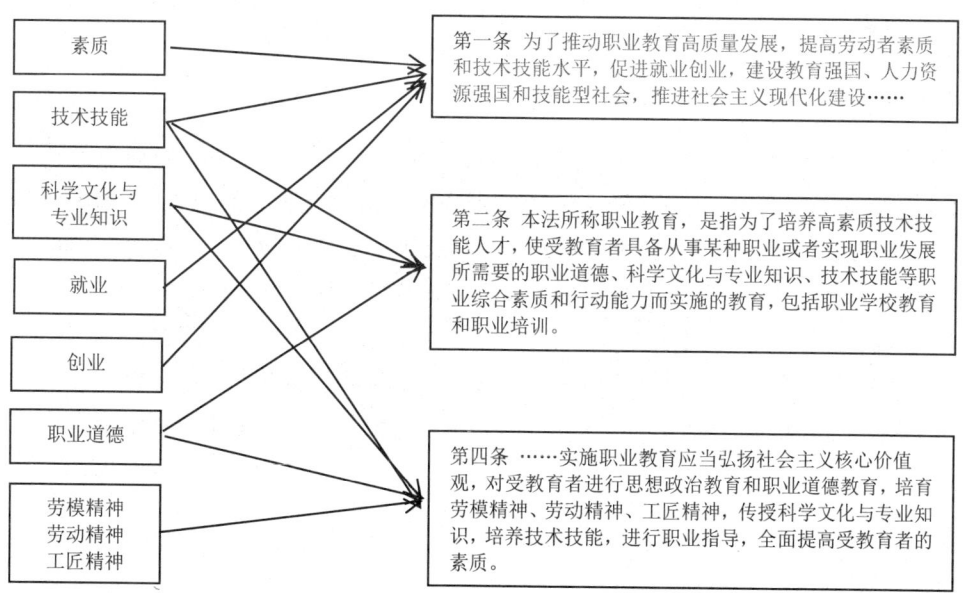

图4-1《中华人民共和国职业教育法》（2022年）对职业教育毕业生的要求

二、《本科层次职业学校本科教学工作合格评估指标和基本要求(试行)》对毕业生能力的要求

《本科层次职业学校本科教学工作合格评估指标和基本要求(试行)》中明确涉及毕业生要求的有以下方面。

"1.3.1……培养德智体美劳全面发展，系统掌握专业基本知识、掌握较高的技术技能且能熟练应用，具有较强创新精神和实践能力的高层次技术技能人才"，要求学生具备素质、专业基础知识、技术技能、创新精神。

"1.3.2……培育学生的实践能力、劳动精神、工匠精神与创新创业精神，职业技能和职业精神培养高度融合……"，要求学生具备实践能力、劳动精神、工匠精神、创新创业精神、职业技能、职业精神。

"8.2.1……毕业生掌握本专业领域所需的基本知识、较高的专业技术技能……毕业生具有较强分析与解决综合问题的能力，具有较强的创新精神和实践能力，以及职业适应能力和可持续发展能力"，要求学生具备基本知识、技术技能、分析与解决综合问题的能力、创新精神和实践能力、职业适应能力、可持续发展能力。

"8.2.2……学生毕业时具有适应本专业领域技术革新的学习能力，具备从事本专业相关工作岗位的技术技能和职业素养，初步具有解决复杂问题和进行复杂操作的能力……"，要求学生具备技术革新的学习能力、本专业工作岗位的技术技能、本专业工作岗位的职业素养、初步具有解决复杂问题的能力、复杂操作的能力。

三、《职业教育专业简介》对毕业生能力的要求

2021年3月，教育部印发《职业教育专业目录（2021年）》，对职业教育专业体系进行了系统化升级和数字化改造。为贯彻落实《职业教育法》，实施好专业目录，让办学主体和社会各界更加方便准确地了解职业教育专业人才培养的基本内容，教育部组织研制了与新版专业目录配套的中职、高职专科、高职本科全部1349个专业的专业简介，并于2022年3月发布。新版《职业教育专业简介》对接新技术和产业发展新要求，一是重视毕业生实践技能及职业中实际工作能力的培养；二是重视毕业生的发展能力；三是注重前瞻性，提升毕业生未来职业能力。

第二节　工程技术专业（课程）认证标准对毕业生的能力要求

联合国教科文组织最新发布的《国际教育标准分类法》（ISCED 2011）中，高等教育被细分为短期高等教育（5）、学士或等同（6）、硕士或等同（7）、博士或等同（8）四个等级，本科层次职业教育应属于其中的第6等级。该级别分为两个方向：一是学术方向，是学术学习的中间层次；二是专业方向，参加专业实践。本研究选择专业方向的工程技术专业认证标准对毕业生能力要求进行比较研究。

一、ABET 工程技术认证对毕业生能力的要求

（一）背景

20世纪20年代，美国一些专业性工程协会对全国工程行业发展状况进行调查，呼吁提升工程行业人才的整体水平。在此背景下，1932年美国土木工程师学会、机械工程师学会等7个工程协会联合授权成立了工程专业发展理事会。自1936年后，ECPD（美国工程师专业发展理事会）开始对工程类专业进行认证，并于1946年开始对致力于培养技术员的两年制技术类专业进行认证。1957年苏联人造卫星发射成功，美国高等工程教育界开始反思。他们认为，传统的工程教育过于强调科学和数学的高深理论，应该加强培养更多具有动手操作能力的工程技术人员。1965年，ECPD发表的《麦卡里克报告》中提出了以培养技术师为目标的"四年制技术学位"这一概念，将其与培养技术员的两年制技术类专业学位相区分。在此背景下，美国一些高校积极响应，先后成立技术学院，增设四年制技术类专业。为了保障工程技术型人才培养质量，1965年，ECPD下设了"工程技术委员会"，专门负责技术类专业的认证工作。1967年，ECPD开始对杨百翰大学（Brigham Young University）四年制技术类专业进行认证，标志着美国本科层次技术类专业认证的开端。为更加凸显认证的重要性，ECPD于1980年正式更名为工程与技术认证理事会（ABET），并于1997年获得了美国高等教育认证委员会的认可，成为美国工程技术教育专业认证的权威机构。为了应对计算机科学教育的预期繁荣，ABET于1985年帮助成立了计算机科学认证委员会。

1997年，经过近十年的发展，ABET采用了2000年工程标准（EC2000），

当时 ABET 认为这是一种革命性的认证标准。EC2000 关注的是结果，而不是教学投入。EC2000 的核心内容是确认各机构建立明确目标和评估流程的重要性，以确保每个项目都能为毕业生提供雇主所需的技术和专业技能。通过消除早期认证标准的僵化，EC2000 使 ABET 专业认证能够增强项目创新能力，而不是扼杀它，并鼓励新的评估过程和后续的项目改进。如今，EC2000 的精神可以在 ABET 所有学科的评估标准中被找到，宾夕法尼亚州立大学的研究证明，这些标准对获得 ABET 认证的课程和毕业生产生了积极影响，他们拥有团队合作和有效沟通等 21 世纪的基本技能。为推进工程技术教育的国际化进程，2009 年，ABET 代表美国成为《悉尼协议》的正式成员，实现了四年制技术类专业的国际互认。

（二）ABET 专业认证总体特点

总体来说 ABET 专业认证有以下特点。

1. 确立目标（使命宣言）和设定目标（时间表）

评估计划从机构使命声明开始，该声明描述了所服务的社区、机构的目的以及定义机构的其他特征。同时，所在院校的评估负责人应与适当的教员和管理人员合作，制订行动计划和时间表，以确保在截止日期前达到部门评估目标。

2. 定义/完善课程教育目标和学生成果

课程教育目标基于课程支持者的需求，并以概括的陈述形式表达，描述毕业生在毕业后几年内有望达到的目标。

学生成绩与学生在完成课程过程中获得的知识、技能和行为有关，并描述了学生在毕业时应该知道和能够做什么。定义教育目标和学生成果为教师提供了对学生学习期望的共同理解，并支持通过绩效指标衡量整个课程的一致性。

绩效指标代表学生在毕业时应该能够展示的知识、技能、态度或行为，表明与结果相关的能力。

3. 设计与实施评估

评估提供了一个框架，通过该框架，识别、收集和准备数据，以评估学生成绩和课程教育目标的实现情况。有效评估使用与被测量的结果或目标相适应的相关直接、间接、定量和定性措施。适当的抽样方法可作为评估过程的一部分。

有效的评估策略需要理解教育实践和策略之间的一致性。这可以通过将教育策略（可以包括课外活动）映射到学习结果来实现。数据收集和分析战略需要系统和一致，并侧重于与绩效指标相关的评估。

4. 评估结果

评估结果解释评估过程中积累的数据和证据，并确定学生成绩和课程教育目标的实现程度。对调查结果进行深思熟虑的评估对于确保评估过程中做出的决定和采取的行动导致项目改进至关重要。

5. 将结果用于决策

评估为有意义的反馈过程提供了框架，这对战略决策至关重要。创建和维护持续的质量保证体系有助于使课程与其所服务的专业保持相关性，支持最高质量的学生体验，并确认毕业生为他们的职业生涯做好了充分准备。

（三）工程专业和工程技术专业认证比较

除了以上相同点，不同的专业类型认证标准还有自己的特点，鉴于本研究的范围，以工程专业和工程技术专业为例进行说明。

1. 工程专业和工程技术专业的区别

在美国工程技术认证委员会看来，工程和工程技术是相互独立但密切相关的专业领域，它们在以下方面有所不同（如表4-2所示）。

表4-2 工程专业和工程技术专业的区别

项目	工程专业	工程技术专业
课程	工程项目通常侧重于理论和概念设计，包括多个学期的微积分和基于微积分的理论科学课程。工程课程提供更多问题的基础分析	工程技术项目通常侧重于应用和实施，包括代数、三角学、应用微积分和其他在本质上比理论更实用的课程。工程技术课程强调当前的工业设计实践，让学生开始培养实际工作技能
职业道路	工程专业的毕业生通常从事涉及概念设计或研发的入门级工作。许多人继续攻读工程专业的研究生学位。通过两次考试：FE（初级工程师）和PE（专业工程师考试）及工程工作经验记录，获得ABET认证的学士学位课程的毕业生有资格成为美国所有州和地区的注册专业工程师（P.E.）。这种注册通常被称为PE许可证	四年制工程技术专业的毕业生最有可能进入建筑、制造、产品设计、测试或技术服务和销售等行业。那些继续深造的人经常考虑工程、设施管理或企业管理。ABET认证的工程技术学士学位课程的毕业生也有资格在许多（但不是所有）州通过同样的程序成为注册专业工程师。两年制工程技术专业的毕业生可能会担任维护、生产或产品开发的工程技术员。两年制课程的毕业生有资格获得职业执照，要求因州而异
认证委员会	工程认证委员会	工程技术认证委员会

2. 通用标准比较研究

对工程教育类认证专业和工程技术教育类专业认证都是从学生、专业培养目标、学生毕业、持续提高、课程、教师、设施、学校支持等八个方面进行认证的。这些认证标准是普适性的，即工程技术类所有的专业都要依据下面的工程技术类专业认证标准设置，工程类专业同样如此。对毕业生能力要求体现在专业培养目标、学生毕业条件两方面

（1）工程技术类专业和工程类专业对有关专业培养目标的认证标准（如表4-3所示）

表 4-3 工程专业和工程技术专业认证标准对比——培养目标

工程技术类专业		工程类专业	
副学士学位	学士学位	学士学位	硕士学位
该计划必须公布与该机构的使命、该计划各选区的需求及标准相一致的计划教育目标。对于这些课程教育目标的定期审查，必须有一个记录在案的、系统利用的、有效的过程，涉及课程参与者，以确保它们与机构使命、课程参与者的需求和这些标准保持一致	该计划必须公布与该机构的使命、该计划各选区的需求及标准相一致的计划教育目标。对于这些课程教育目标的定期审查，必须有一个记录在案的、系统利用的、有效的过程，涉及课程参与者，以确保它们与机构使命、课程参与者的需求和这些标准保持一致	该计划必须公布与该机构的使命、该计划各选区的需求及标准相一致的计划教育目标。对于这些课程教育目标的定期审查，必须有一个记录在案的、系统利用的、有效的过程，涉及课程参与者，以确保它们与机构使命、课程参与者的需求和这些标准保持一致	该计划必须公布与该机构的使命、该计划各选区的需求及标准相一致的计划教育目标

从对二者专业培养目标的认证标准看，二者相差不大，都要求培养目标要符合机构的使命、选区的需求，并与标准保持一致。也就是说，在学生能力结构中必须有符合机构使命、选区需要的组成部分。

（2）工程技术类专业和工程类专业对有关学生成绩的认证标准

从以上两类专业对有关学生毕业成绩的认证标准来看，从工程技术专业副学士学位到工程技术专业学士学位，再到工程学士学位、工程硕士学位面对的问题逐渐复杂，从明确定义问题到广义问题，再到复杂问题（如表4-4所示）。学生的能力主要包括设计能力、团队交流能力、实验能力。不过两类专业学生实施试验的目的是不同的，工程技术类专业学生实验的目的是用于工艺过程的提高，而工程类专业学生实验的目的是分析和解释所获得的有关数据。另外，虽然二者都要求学生具备团队合作的能力，但工程类专业的学生要具备在多学科团队的合作能力，可见工程类专业的学生涉及的学科面更为宽广。同时，两类专业对学生毕业的认证标准都对学生终身学习的能力和职业道德和社会责任提出了明确要求。工程类专业更注重学生的学习能力。

表 4-4 工程专业和工程技术专业认证标准对比——学习成绩

| 工程技术类专业 || 工程类专业学生 ||
副学士学位	学士学位	学士学位	硕士学位
该专业必须有记录在案的学生成绩,以及定期审查和修订这些学生成绩的记录在案的有效流程。学生成绩必须包括但不限于以下内容： ①运用数学、科学、工程和技术中的知识、技术、技能和现代工具的能力,以解决与本学科相适应的明确工程问题; ②能够为明确定义的技术问题设计解决方案,并协助进行适合本专业的系统、组件或流程的工程设计; ③在明确的技术和非技术环境中应用书面、口头和图形交流的能力,以及识别和使用适当技术文献的能力; ④能够进行标准测试、测量和实验,并分析和解释结果; ⑤作为技术团队成员有效运作的能力	该专业必须有记录在案的学生成绩,以及定期审查和修订这些学生成绩的记录在案的有效流程。学生成绩必须包括但不限于以下内容： ①运用数学、科学、工程和技术的知识、技术、技能和现代工具的能力,以解决适用于该学科的广义工程问题; ②设计系统、组件或流程的能力,以满足广泛定义的适用于本学科的工程问题的特定需求; ③在广泛定义的技术和非技术环境中应用书面、口头和图形交流的能力,以及识别和使用适当技术文献的能力; ④能够进行标准测试、测量和实验,并分析和解释结果以改进流程; ⑤作为技术团队的成员和领导者有效运作的能力	该专业必须有记录在案的学生成绩,以及定期审查和修订这些学生成绩的记录在案的有效流程。学生成绩必须包括但不限于以下内容： ①运用数学、科学、工程和技术的知识、技术、技能和现代工具的能力,以解决适用于该学科的广义工程问题; ②设计系统、组件或流程的能力,以满足广泛定义的适用于本学科的工程问题的特定需求; ③在广泛定义的技术和非技术环境中应用书面、口头和图形交流的能力;以及识别和使用适当技术文献的能力; ④能够进行标准测试、测量和实验,并分析和解释结果以改进流程; ⑤作为技术团队的成员和领导者有效运作的能力	该专业必须有支持该专业教育目标的学生成果文件。这些成果使毕业生能够掌握与硕士课程名称一致的特定研究领域或专业实践领域

（四）专业标准

除了通用标准,各专业也有认证标准,以工程技术专业——机电一体化工程技术与应用专业（学士学位）为例,其要求学生学习的课程包括以下内容。

①机电一体化组件和系统集成,工具和组装〔涉及数字和模拟电子元件和电路,嵌入式系统和控制,机械（静力学和动力学）,气动、液压、工业控制,自动化和 PLC（可编程逻辑控制器）〕。

②机电一体化系统软件分析工具、编程和控制系统工程,工业通信协议和信息安全。

③测量工具、仪器和传感器的设计、选择、设置和校准。

④机电系统故障排除,包括测试和调整、维护或维修。

⑤准备实验室报告和系统集成,以及与机电元件和系统的开发、安装或维护相关的图纸。

⑥熟悉并使用行业规则、规范和标准。

⑦统计、质量管理和持续改进技术、行业组织和管理。

⑧在成功解决工业机电一体化问题的过程中，运用技术和非技术技能，展示在项目中获得的技能。

综上所述，在机电一体化技术与应用专业标准中，毕业生需要具备系统开发，组件设计，系统集成，工件组装，软件分析，使用行业规则、规范和标准，持续改进，质量管理，组织等能力。

二、ASIIN 学位课程认证

（一）背景

19 世纪，德国大学在学术、研究和专业教育方面的质量已经达到了很高的标准，这得益于政府的几项政策：国家对高等教育的资助，研究与教学的统一、学术自由，大学之间优秀学者的竞争（非正式排名），学术职位和科学家（尤其是教授）的高声望。高质量的教育主要基于制度化的任命和晋升制度、教授教授学生通过国家规定的考试的兴趣和意愿，以及该制度的选择性。尤其是教授的任命对于保证德国高等教育的质量仍然很重要。

20 世纪 90 年代末期，随着经济全球化程度的日益加深，为有效应对地区层面欧洲高等教育一体化和全球层面《华盛顿协议》持续推进带来的机遇与挑战，德国在工程教育领域进行了一系列大刀阔斧的改革，其中最为重要的是建立起系统的认证制度以及作为协调这一多元化体系所需的质量保证平台。德国的高等教育专业认证制度建设始于 20 世纪末。1998 年，德国 16 州文教部长联席会议（KMK）通过高校校长联席会议（HRK）提出的关于构建专业认证制度的倡议，决定成立联邦认证委员会（AR）作为全国认证机构的统一管理、审查与评估机构。作为 KMK 直接管理的下属机构，AR 是由各州政府、高校、工商业企业、认证机构、专家队伍和学生共同组成的，主要负责对全国认证事务的总体组织、协调和管理，以及对各认证机构的资格进行审查和对其认证工作的具体实施进行监督。目前，联邦认证委员会负责管理和认证的质量保障机构共有三类，其中包括 3 个国家级质量保障机构、5 个地区性质量保障机构和 2 个国外质量保障机构，共十家认证机构（位于德国、奥地利和瑞士），ACQUIN 是这类认证机构的中心组织。十家认证机构具体如下。

FIBAA——国际工商管理委员会。

ACQUIN——认证、认证和质量保证机构。

AHPGS——健康等领域研究项目认证机构——社会科学。

AKAST——标准研究项目质量保证和认证机构。

AQA——奥地利质量保证机构。
AQAS——研究项目认证质量保证机构。
ASIIN——工程、信息学/计算机科学、自然科学和数学学位课程认证机构。
evalag——巴登-沃尔滕堡评估机构——国际商业管理认证基金会。
QAQ——瑞士大学认证和质量保证中心——希蒂斯。
ZEvA——汉诺威中央评估和认证机构。

2003年以来，德国所有学士和硕士课程都必须进行课程认证。由于批评人士认为，与其他质量保证程序相比，课程认证需要花费大量时间和精力，于是高等教育机构寻求一种新的质量保证机制。在过去几年中，德国从课程认证转向系统认证。2007年，ACQUIN决定了系统认证标准和执行系统认证程序的一般规则，作为德国质量保证新方法的基础。或者换句话说，系统认证是教学质量管理系统的认证。各院校现在可以自由决定各自的内部质量保证体系，以及确保研究、教学和管理质量的工具和程序。此外，他们可以在这两种认证之间进行选择。

20世纪末期，在德国最大的工程师团体组织——工程师协会的倡议下，联邦认证委员会决定成立全国第一个工程教育类质量保障机构，即工程及信息学专业认证委员会（ASII）。2002年，在对原ASII进行合并拓展的基础上，新增加数学和自然科学等专业的专业认证协会，组成了目前德国唯一的经联邦认证委员会授权的，同时针对本科和硕士学位的工程教育专业认证机构——ASIIN。ASIIN主要是由12个科学技术协会及专业组织，8个商业机构及伞状社会合作伙伴组织，大学协调组和应用技术大学协调组等四类社会团体组成的民间专业性组织，在国内外具有广泛的影响。ASIIN认为良好的学术教育是现代社会可持续发展的基础。ASIIN将"教育"理解为一个发展和学习过程，以获得不同的能力及其结果。教育成果支持个人、社会和职业生活的成功塑造。

（二）ASIIN学位课程认证对毕业生能力的要求

ASIIN建立之初的基本目标主要有二：一是通过专业和学位课程认证，切实提高工程教育质量；二是提升工程教育质量透明度，以有效促进学术和职业流动。实现基本目标的有效路径是建立一整套涵盖教学过程、培养计划、毕业要求等内容的标准体系。但德国的工程类专业复杂、多样，显然不能采用"一刀切"的标准来进行认证。因此，德国专业认证制度构建的首要工作是将庞杂的工程类专业分成了13个专业大类，并在此基础上制定通用标准和专业补充标准。通用标准是所有专业必须要达到的最低要求，而专业补充标准则充分考虑到各个专业大类的特殊性和多样性。

1. 通用标准

德国通用认证标准的设计是在充分考虑本国国情的前提下，充分融入欧洲质量保障的认证标准框架而制定的，具体来说包括五个维度。学位课程（概念、内容与实施）；考试（系统、概念与组织）；资源；透明度和文件；质量管理（质量评估与发展）。每个维度又包含数量不等的具体指标，在认证标准的设计中充分参考欧洲高等教育质量保障协会制定的"欧洲标准和良好实践指南"，以及联邦认证委员会的基本要求。通用标准只是确定了一个较为宽泛的质量标准框架（如表4-5所示），各技术委员会可在此基础上根据实际情况制定本学科相关的专业标准。

表4-5 ASIIN 通用标准

维度	具体标准	对应"欧洲标准和良好实践指南"
学位课程：概念、内容与实施	学位课程的目标和学习成果（预期资格简介）	ESG 1.2 ESG 1.3 ESG 1.7 ESG 1.8 ESG 1.9
	学位课程名称	
	课程	ESG 1.2 ESG 1.3
	入学要求	ESG 1.4
	工作量和学分	ESG 1.4
	教学法	
考试：系统、概念和组织		ESG 1.2 ESG 1.3 ESG 1.4
资源	工作人员和工作人员发展	ESG 1.5
	资金和设备	ESG 1.6
透明度和文件	模块描述	ESG 1.7 ESG 1.8
	文凭和文凭补充	ESG 1.4
	相关规则	ESG 1.4 ESG 1.7
质量管理：质量评估与发展		ESG 1.1 ESG 1.2 ESG 1.9 ESG 1.10

2. 特定主题标准

ASIIN 充分考虑到不同学科之间的差异，各学科的技术委员会都根据自己学科的实际情况制定了特定主体标准，具体包括土木工程、测量及建筑专业标准、机械工程及工艺学专业标准、工业工程专业标准等13个，每个学科的专业标准分为本科和硕士两个层级，重点考察六个维度：知识与理解、工程设计、工程分析、调查与评估、工程实践、可迁移技能。

不同学科的专业学科标准差距比较大，下面以机械工程专业标准，过程工程专业和化学工程专业标准为例说明该专业对毕业生能力的要求（如表4-6所示）。

表4-6 ASIIN关于机械工程、过程工程和化学工程学士和硕士学位课程的认证

	学士学位（偏实践）	硕士学位（偏实践）	学士学位（偏理论）	硕士学位（偏理论）
知识和理解	①获得工程、数学和自然科学方面的广泛技术知识，以期在机械工程/过程工程/化学工程中能够开展科学证实的工作，并在专业活动中负责任地行事；②了解工程科学的多学科背景	①机械工程/过程工程/化学工程的数学、科学和工程原理及其跨学科扩展的广泛高级知识；②对其学科最新发现的批判性认识	①在数学、科学和工程方面获得广泛而扎实的知识，使他们能够理解机械工程/过程工程/化学工程特有的复杂现象；②了解工程科学更广泛的多学科背景	①机械工程/过程工程/化学工程的数学、科学和工程原理及其跨学科扩展的广泛高级知识；②对其学科最新发现的批判性认识
工程分析	①基于既定科学方法的应用，识别、制定和解决机械工程/过程工程/化学工程特有的问题；②根据科学事实分析和评估其学科中使用的产品、过程和方法；③选择合适的分析、建模、模拟和优化方法，并高度胜任地加以应用	①科学地分析和解决问题，这些问题定义不完整，并显示出相互竞争的规范；②针对其专业学科的新领域或新兴领域提出以实践为导向的问题；③使用创新方法解决实践问题	①识别、抽象、制定和整体解决机械工程/过程工程/化学工程特有的复杂问题，以基础知识为导向；②基于系统技术渗透，分析和评估构成其学科一部分的产品、过程和方法；③选择、应用和（进一步）开发合适的分析、建模、模拟和优化方法	①科学地分析和解决异常和/或定义不完整的问题，并显示出相互竞争的规范；②从其学科的新领域或新兴领域中抽象和阐述复杂问题；③运用创新方法解决基于基础知识的问题，并开发新的科学方法
工程设计	①能够根据自己的知识状况构思机械、设备、EDP（需求价格弹性系数）计划或流程的设计，并根据规定的要求进行开发；②对设计方法有实践导向的理解，并有能力以胜任的方式应用这些方法	①针对其他学科也在考虑中的实践导向和部分不寻常问题，制订解决方案；②利用他们的创造力开发新的、创造性的实用解决方案；③运用他们的科学判断能力，处理复杂、技术不纯或不完整的信息	①能够根据其知识和理解状况，并根据规定要求，构思复杂机械、设备、EDP程序或流程的设计；②对设计方法有充分的理解，并有能力应用和（进一步）发展这些方法	①在广泛考虑其他学科的情况下，为基本导向和部分不寻常的问题制订概念和解决方案；②利用他们的创造力开发新的创造性产品、工艺和方法；③运用他们的科学判断能力，处理复杂、技术不纯或不完整的信息
调查和评估	①根据他们的知识和理解状况进行文献研究，并将数据库和其他信息来源用于他们的工作；②根据他们的知识和理解状况，计划并进行适当的实验，以解释数据并得出适当的结论	①识别、查找和获取必要的信息；②规划并开展分析、模型和实验调查；③批判性地评估数据并得出结论；④调查和评估新技术和新兴技术在其学科中的应用	①根据他们的知识和理解状况进行文献研究，并将数据库和其他信息来源用于他们的工作；②根据他们的知识和理解状况，计划并进行适当的实验，以解释数据并得出适当的结论	①识别、查找和获取必要的信息；②规划并开展分析、模型和实验调查；③批判性地评估数据并得出结论；④调查和评估新技术和新兴技术在其学科中的应用

续表

	学士学位（偏实践）	硕士学位（偏实践）	学士学位（偏理论）	硕士学位（偏理论）
工程实践	①能够在考虑经济、生态和安全要求及可持续性和环境兼容性的情况下，将工程和自然科学的新发现转化为工业和商业生产；②能够规划、控制和监控流程，开发和操作系统和设备；③能够独立巩固所获得的知识；④了解工程活动的非技术影响	①结合不同领域的知识，快速实现并处理复杂性问题；②快速、有针对性地熟悉新的和未知的事物；③根据即将掌握的知识评估适用技术，并评估其局限性；④系统地识别工程活动的非技术影响，并以负责任的方式将其纳入其行动中	①能够结合理论和实践，以方法和基础理论为导向，分析和解决工程科学特有的问题；②了解适用的技术和方法及其限制；③在考虑经济、生态和安全要求以及可持续性和环境兼容性的情况下，负责任地应用和独立巩固其在不同领域的知识的能力；④了解工程活动的非技术影响	①分类并系统地结合不同领域的知识，处理复杂性问题；②快速、系统地熟悉新事物和未知事物；③评估适用的方法及其限制；④系统地反映工程活动的非技术影响，并以负责任的方式将其纳入其行动中
可转移技能	①作为个人和团队成员有效运作，包括团队的相关协调；②使用多种方法与工程界和整个社会进行有效沟通；③展示对工程实践的健康、安全和法律问题及责任的认识，以及工程解决方案在社会和环境背景下的影响，并致力于工程实践的职业道德、责任和规范；④了解项目管理和商业实践，如风险和变更管理，并了解其局限性；⑤认识到终身学习的必要性，并有能力参与终身学习；⑥在国家和国际环境中工作和交流	①在第二个周期要求更高的水平上，满足第一个学位毕业生的所有可转移技能要求；②有效地担任可能由不同学科和级别组成的团队的领导者；③在国家和国际环境中有效工作和沟通	①作为个人和团队成员有效运作，包括团队的相关协调；②使用多种方法与工程界和整个社会进行有效沟通；③展示对工程实践的健康、安全和法律问题及责任的认识，以及工程解决方案在社会和环境背景下的影响，并致力于工程实践的职业道德、责任和规范；④了解项目管理和商业实践，如风险和变更管理，并了解其局限性；⑤认识到终身学习的必要性，并有能力参与终身学习；⑥在国家和国际环境中工作和交流	①在第二个周期要求更高的水平上，满足第一个学位毕业生的所有可转移技能要求；②有效地担任可能由不同学科和级别组成的团队的领导者；③在国家和国际环境中有效工作和沟通

德国高等教育重视工程实践，对实践教育（工业实习）也作出了规定，规定指出开展实践活动是工程教育的一个基本要素，最好是在学习之前和学习期间以工业实习的形式，根据实际问题完成。工业安置预科的目的是在攻读学士学位课程之前，从技术角度熟悉该行业。更好的活动是工业自动化，金属和非金属材料的加工、组装和维护，在工业环境中的实验室和中试工厂工作。根据这一目标，理想情况下，合格的预研究产业安置应在研究之前完成，因此构成入学要求。由于它不构成课程的一部分，也不受学校的监督，由此不授予学分。在构成学位课程一部分的行业安置中，大学水平上获得的技术和方法能力将在典型工程活动框

架内的工业环境中应用、扩展和深化。首选领域是国际原子能机构开发、建设、规划和应用技术。技术实验室由大学作为课程的一部分进行监督,由学术讨论会完成,并获得学分。

此外,机械工程的专业标准充分考虑到实践导向和理论导向的学士、硕士在培养方向上的不同,制定了近似但有差异的认证标准。为了保证认证标准的目标有效实现,机械工程专业委员会还对本科、硕士的能力要求与配套课程进行了详细规定,其包括3个维度的能力:学科相关的能力、可迁移的能力及工作方法论能力,每个维度的能力包含数量不等的衡量指标,并为每个指标设计了一系列示范性课程(如表4-7所示)。

表4-7 机械工程学士学位课程能力要求及示范课程

学科相关能力	示范课程内容
广泛而扎实的数学和自然科学知识,适用于工程	数学和自然科学基础,如数学、物理、计算机科学
工程子学科的先进知识和方法能力	工程基础,如技术力学、机器动力学、振动理论、流体力学、技术热力学,包括热和材料传递、电气工程和电子、材料科学、测量和控制工程
能够将工程方法能力应用于特定机器和设备	工程应用,如机械工程、建筑/产品开发、制造/生产技术
工程专业特定知识的获取和提高	高级科目、重点科目:以基础或应用为导向的选修课
可转移能力	**示范课程内容**
评估技术产品和程序的能力,如其经济和生态影响	跨学科内容:经济学、非技术选修课(如果尚未纳入课程)
能够在国家和国际团队中工作	自我管理、时间管理和项目管理、团队发展、沟通、语言(如果尚未纳入课程)
工作方法能力	**示范课程内容**
独立完成工程科学任务并展示工作成果的知识和技能	学习项目,学士学位论文
在专业环境中自主处理实际工程任务的能力	实践训练,专业训练

从ASIIN学位课程认证标准可以看出:各专业技术委员会制定的专业认证标准各具特色,有着本质性的差异,这充分体现出德国各技术委员会认证标准的制定充分考虑到本专业的学科特点和实际发展情况。大部分学科的本科、硕士的专业认证标准维度设计是一致的,二者要求的知识结构和能力素质很有逻辑性,硕士的认证标准设计实际上是本科标准在各个维度的延伸。

工程(偏应用)学生能力结构中包括学科相关能力(适用于工程的数学和自然科学知识,工程子学科的先进知识,使用工程工具的能力,工程分析、工程设计、调查和评估、工程实践能力),可转移技能(评估技术产品和程序的能力,如其经济和生态影响；团队工作能力），工作方法能力（独立完成工程科学任务并展示工作成果的知识和技能；在专业环境中自主处理实际工程任务的能力）。

第三节 区域发展对高层次技术技能人才的能力要求

法国经济学家弗朗索瓦·佩鲁（Francois Perroux）在1982年出版的《新发展观》中提出了"发展极"理论，指出不同部门、区域间的经济增长不是同步的，而是依据当地的禀赋条件，如技术、资源、资本、劳动力和制度创新等软硬条件实现优先发展，再通过吸引力和扩散力带动周边区域发展。在新时代中国语境下，区域发展肩负国家的发展使命，代表国家参与全球竞争。区域内要按高位配置技术、人才、信息等创新要素，构建现代产业体系和现代治理体系，提升产业链发展水平和带动传统优势产业升级，实现高质量发展的战略。职业院校肩负着为新兴产业提供技术技能人才支援和技术技能创新服务的应然使命，承载着为区域高质量发展高效运转注入本土化源动能的现实任务，是区域发展中的重要一极。这一点在《职业教育法》中也得到了体现，《职业教育法》第二十一条，"国家根据产业布局和行业发展需要，采取措施，大力发展先进制造等产业需要的新兴专业，支持高水平职业学校、专业建设。"因此，本科层次职业院校毕业生能力要支持学校所在区域经济发展。

第四节 行业企业对高层次技术技能人才的能力要求

一、《中华人民共和国职业分类大典》对工程技术人员的能力要求

2022年，人力资源社会保障部向社会公示了新修订的《中华人民共和国职业分类大典》（以下简称"大典"）。新版大典包括大类8个、中类79个、小类449个、细类（职业）1 636个。与2015年版大典相比，增加了法律事务及辅助人员等4个中类，数字技术工程技术人员等15个小类，碳汇计量评估师等155个职业。

第一大类：国家机关、党群组织、企业、事业单位负责人。
第二大类：专业技术人员。
第三大类：办事人员和有关人员。
第四大类：商业、服务业人员。
第五大类：农、林、牧、渔、水利业生产人员。
第六大类：生产、运输设备操作人员及有关人员。

第七大类：军人。

第八大类：不便分类的其他从业人员。

其中，第一大类中的各个职业不是本科层次职业教育培养的人才所从事的职业，这些职业是需要经过一定时间的工作实践之后才能胜任的职业岗位。第七大类的各个职业显然也不是高等职业教育人才培养的人才所从事的职业。在第八大类中，没有具体细类。在第二大类中的技术型职业是本科层次职业院校培养的人员。第三大类、第四大类、第五大类、第六大类大部分是高等职业教育培养的人才从事的职业。

按照本科层次职业技术学校的层次定位，培养的主要是工程技术人员，下面以自动控制工程技术人员、计算机软件工程技术人员为例来说明企业对工程技术人员的能力要求。

（一）大典对工程技术人员能力的要求

1. 2-02-07-07 自动控制工程技术人员 S

从事自动化元器件、装置、系统设计和测试、集成，指导安装、维护的工程技术人员。

主要工作任务：

①设计、测试自动化元器件及装置，并指导安装、调试、维护；

②设计、测试生产流水线系统和运行控制系统，并指导安装、调试、维护；

③进行数控编程，指导数控加工；

④分析、处理生产技术问题；

⑤设计、测试、调试自动化仪表与监测设备；

⑥设计、测试、集成和运行自动化系统软件；

⑦编辑、推广自动化控制标准规范。

2. 2-02-10-03 计算机软件工程技术人员 S

从事计算机软件研究、需求分析、设计、测试、维护和管理的工程技术人员。

主要工作任务：

①研究、应用计算机软件开发技术和方法；

②分析项目或产品需求，编写需求说明书及软件设计文档；

③设计、编码和测试计算机软件；

④部署和集成计算机团建；

⑤编写和管理软件开发文档；

⑥维护和管理计算机软件系统；

⑦评估软件质量和软件过程能力，改进软件过程实施；

⑧实施软件质量保证和关键质量控制。

（二）大典对工程技术人员能力要求分析

从大典看，工程技术人员的能力要求包括研究、设计、集成、维护、管理。本科层次职业院校学生需要初步具备研究设计、集成、维护、管理的能力。

二、职业资格等级标准对从业者的要求

根据劳动和社会保障部规定，国家职业资格分为五个等级，从高到低依次为高级技师、技师、高级技能、中级技能和初级技能。根据劳动和社会保障部制定的《国家职业标准制定技术规程》的规定，各等级的具体标准为表4-8所示。

表4-8 国家职业资格等级标准

等级	标准
国家职业资格五级（初级）	能够运用基本技能独立完成本职业的常规工作
国家职业资格四级（中级）	能够熟练运用基本技能独立完成本职业的常规工作；在特定情况下，能够运用专门技能完成较为复杂的工作；能够与他人进行合作
国家职业资格三级（高级）	能够熟练运用基本技能和专门技能完成较为复杂的工作，包括完成部分非常规性工作；能够独立处理工作中出现的问题；能指导和培训初、中级人员
国家职业资格二级（技师）	能够熟练运用专门技能和特殊技能完成复杂的、非常规性的工作；掌握本职业的关键技能操作技术，能够独立处理和解决技术或工艺难题；在技术技能操作方面有创新；能指导和培训初、中、高级人员；具有一定的技术管理能力
国家职业资格一级（高级技师）	能够熟练运用专门技能和特殊技能在本职业的各个领域完成复杂的、非常规性的工作；熟练掌握本职业的关键技术技能；能够独立处理和解决高难度的技术问题或工艺难题；在技术攻关和工艺革新方面有创新；能组织开展技术改造、技术革新活动；能组织开展系统的专业技术培训；具有技术管理能力

《本科层次职业学校本科教学工作合格评估指标和基本要求（试行）》对职业本科毕业生能力要求中有一条是要求初步具有解决复杂问题和进行复杂操作的能力。ABET工程技术认证中要求学生能够解决广泛定义的活动或问题，所谓广泛定义指的是实际的、范围广泛的、相对复杂的，并且涉及多种资源；以创新的方式使用新工艺、材料或技术，并且可能需要扩展标准操作程序。将二者与国家职业资格等级标准相对照，学生毕业时技术水平应能达到国家职业资格三级水平。

三、职业技能等级标准对技能人员的要求

我国的技能人才评价，始于20世纪50年代的"八级工"制度。自20世纪50年代中期开始全面实施，先后经历了考工定级和考工晋级阶段、停滞阶段和

工人技术等级制度阶段，在调动技术工人工作积极性、增强技术工人社会荣誉感、造就一批高技能人才等方面发挥了重要作用。到20世纪八九十年代，"八级"简化为初、中、高三级，后又增加确立了技师、高级技师两级技术职务。自此，技术等级由工资标准的附属物变为独立衡量工人技术能力的标尺，确立了工人技术等级标准的独立地位。

进入新世纪，技能人才评价迎来新变化。2017年《国家职业资格目录》的发布，将原有399项技能人员职业资格删减为81项。大幅压缩职业资格数量、提升资格证书含金量的同时，也让诸多职业（工种）失去了原本的人才评价标杆和"指挥棒"，诸多良莠不齐的境内外虚假资格证书乘虚而入，带来一系列新问题。

2019年8月，人力资源社会保障部印发《关于改革完善技能人才评价制度的意见》，明确提出在深化技能人员职业资格制度改革的同时，建立并推行职业技能等级制度，由用人单位和社会培训评价组织按照有关规定开展职业技能等级认定，技能人才评价迎来新的方向。随后，人力资源社会保障部办公厅2020年7月印发《关于做好水平评价类技能人员职业资格退出目录有关工作的通知》，2020年11月印发《关于支持企业大力开展技能人才评价工作的通知》，2021年11月人力资源社会保障部公布《国家职业资格目录（2021年版）》，等等。这一系列文件的发布，体现了技能人才职业技能等级制度建立和推行的循序渐进，2022年4月《关于健全完善新时代技能人才职业技能等级制度的意见（试行）》（以下简称《意见》）的发布，标志着技能人才评价工作进入全面推行职业技能等级认定阶段。

《意见》规定，企业可根据技术技能发展水平等情况，结合实际，在现有职业技能等级设置的基础上适当增加或调整技能等级。对设有高级技师的职业（工种），可在其上增设特级技师和首席技师技术职务（岗位），在初级工之下补设学徒工，形成由学徒工、初级工、中级工、高级工、技师、高级技师、特级技师、首席技师构成的职业技能等级（岗位）序列（如表4-9所示）。行业企业根据自身特点，考虑历史沿用、约定俗成等因素，对上述技能等级名称可使用不同称谓，并明确其与相应技能等级的对应关系。

表 4-9 职业技能等级（岗位）要求

级别名称	基本要求	实施机构
学徒工	能够基本完成本职业某一方面的主要工作	用人单位
初级工	能够运用基本技能独立完成本职业的常规工作	
中级工	能够熟练运用基本技能独立完成本职业的常规工作；在特定情况下，能够运用专门技能完成技术较为复杂的工作；能够与他人合作	
高级工	能够熟练运用基本技能和专门技能完成本职业较为复杂的工作，包括完成部分非常规性的工作；能够独立处理工作中出现的问题；能够指导和培训初、中级工	
技师	能够熟练运用专门技能和特殊技能完成本职业复杂的、非常规性的工作；掌握本职业的关键技术技能，能够独立处理和解决技术或工艺难题；在技术技能方面有创新；能够指导和培训初、中、高级工；具有一定的技术管理能力	用人单位和社评组织
高级技师	能够熟练运用专门技能和特殊技能在本职业的各个领域完成复杂的、非常规性工作；熟练掌握本职业的关键技术技能，能够独立处理和解决高难度的技术问题或工艺难题；在技术攻关和工艺革新方面有创新；能够组织开展技术改造、技术革新活动；能够组织开展系统的专业技术培训；具有技术管理能力	
特级技师	在生产科研一线从事技术技能工作、业绩贡献突出的"企业高技能领军人才"。能够熟练运用专门技能和特殊技能在本职业的各个领域完成复杂的、非常规性工作；精通本职业及相关职业的重要理论原理及关键技术技能，能够独立处理和解决高难度的技术问题或工艺难题；承担传授技艺的任务，在技能人才梯队培养上作出突出贡献	省级及以上人力资源社会保障部门指导用人单位实施
首席技师	在技术技能领域做出重大贡献，或在本地区、本行业企业具有公认的高超技能、精湛技艺的"地方或行业企业高技能领军人才"。为地方、行业企业高技能人才队伍建设作出突出贡献；为国家重大技术攻关、成果转化、技术创新、发明等做出突出贡献，在地方、行业企业的技术进步与发展中发挥关键作用，专业水平在地方、行业企业具有很高认可度和影响力	省级及以上人力资源社会保障部门、国务院有关行业主管部门指导用人单位实施

　　将职业技能等级（岗位）要求、国家职业资格等级标准、工程技术认证标准、国家相关政策性文件要求相对照，职业本科毕业生在毕业时技能应达到高级工技能。

四、企业对员工的要求[①]

　　李京斌（中国管理科学研究院特约研究员）指出，传统制造业的班组长及

---

① 张军红，马明. 中国智造亟需更多高技能人才和大国工匠 [J]. 经济，2022（8）：82-86.

技能工人主要依赖于制度流程标准、个人能力经验，利用基础的管理工具（5S（整理、整顿、清扫、清洁和素养）/TPM（全员生产维修）/标准化/精益管理等），对于人机料法环等生产要素及制造现场七大任务（安全、质量、生产、成本、设备、环境、人事）进行有效管理，实现生产运营目标及让客户满意。为适应数字化时代需求，班组长及技能工人需要在原有的技能基础上，不断突破自己，更好地适应数字化、智能化的新时代。具体而言，一是通过企业内部培训、竞赛等方式，在传统的管理能力基础上补短板，提升安全、质量、生产、成本、人事的管理能力；二是持续提升发现问题、分析问题、改善问题的核心能力，学习TPM、精益管理、六西格玛等管理方法；三是不断增强数据统计、阿米巴经营、智能制造等方面的知识储备，强化管理及经营能力。

马宝龙（海信集团海信学院院长）认为，企业为提升效益，追求智能化改造、数字化转型，未来很多人工工作岗位会被智能化、数字化的机器人取代，迫使产业工人不断提升技能。需要特别强调的是，数字技术对产业工人的新要求不是要颠覆传统的技能，而是要在原有技能的基础上，持续学习，可以对数控设备、工业机器人等设备进行操作、维护，以应对智能制造在不同环境不同场景下的需求。

穆晓鹏（特来电新能源股份有限公司副总裁）指出，数字化的广泛应用要求产业工人一是要具备学习的能力，面对不断涌现的新技术、新工艺、新应用，要有能力去运用；二是要具备对高端设备的操作能力，对智能化设备、产线的维护、调试能力以及对设备在生产过程中遇到异常情况时的处理能力；三是要具备根据数据信息做出及时处理的能力，优化生产过程，更好发挥人的自主能动性，提升企业生产效率。

蔡宝磊（广东玛格家居有限公司董事长特别助理）指出，第一，一线的生产操作人员要精通数控加工设备的操作，具备信息化、数字化的系统知识，对工艺与信息数字化的结合逻辑有基本的理解；第二，装备和设备的运维人员要具备对智能设备全生命周期的管理及维修保养能力；第三，品质检验人员要具备通过数字化的手段查找生产线上出现的问题的能力；第四，管理人员要不断创新生产管理手段、方式和路径，具备对生产线上各个设备在生产过程中产生的各项数据进行提取、分析、再优化、再运用的能力，打通人流、物流、信息流和数字流。

除了共性要求，不同企业对员工还有特殊要求，如上海奥腾能源（面向石油与天然气行业，立足于整个能源价值链）招收的工艺工程师，要求本科及以上学历，机械设计、机电一体化或化工类相关专业学历，具有3年以上相关工作经验；熟悉应用ASPEN或PRO/II等化工工艺流程模拟软件。而铂元（上海）隧道工程有限公司（是一家集设计、制造、安装调试及工程管理的固液分离专业公司）则要求工艺工程师熟练使用 CAD 绘图软件，有隧道行业、盾构泥水分离工艺经验。

五、相关思考

（1）本科层次职业教育培养的人才应同时具备高层次技术与技能

2018 年，中共中央办公厅、国务院办公厅印发《关于分类推进人才评价机制改革的指导意见》，提出要"创新人才评价机制"，创造性地将技术人才和技能人才糅合起来，这也是技术技能人才这个概念第一次出现在中央文件中。2020 年，《中共中央关于制定国民经济和社会发展第十四个五年规划和二〇三五年远景目标的建议》更是提到要"加大人力资本投入，增强职业技术教育适应性，深化职普融通、产教融合、校企合作，探索中国特色学徒制，大力培养技术技能人才。"在"技能人才"名称前加上"技术"二字，并不只是单纯加个前缀，实现名称上的变化，是为满足随着我国经济社会快速发展、技术变革带来的大量复合型人才需求，其核心要义为技能人才技术化、技术人才技能化，更是人才队伍建设和发展理念上的升级换代，本科层次职业院校要为企业数智化转型服务，面对生产组织不断扁平化的情况，技能要求必须被加强考虑。

（2）本科层次职业教育培养的人才要具备现代通用能力

企业需要的员工不但需要熟练掌握专业技能、专业知识和岗位技能，还需要具备一定的交流沟通能力、管理能力、创新能力、团队能力。在行业企业数字、智能、绿色发展的背景下，本科层次职业院校的毕业生应该具备多学科背景下的交流、沟通、信息技术、绿色技术的意识和基础能力等现代通用能力。

（3）本科层次职业教育培养的人才除了有专业知识还要有职业知识

本科层次职业教育要适应区域高端产业和产业高端需求，主动服务高级化产业基础、产业链，培养面向现代生产、建设、管理、服务一线岗位的高层次技术技能人才。而不同企业有不同的要求，为了让学生能够更快地适应岗位要求，专业课程体系建设中，要注意有适当的职业岗位知识课程。

第五节 相关院校的实践经验

一、南京某职业技术大学的试点经验

本研究以南京某职业技术大学 2021 级现代物流管理专业本科人才培养方案中对本科毕业生的要求为例进行分析。

（一）人才培养目标

南京某职业技术大学2021级现代物流管理专业本科毕业生应具有的知识、能力、素质包括以下内容。

1. 共性专业知识要求

掌握数学、英语、计算机等基础科学文化知识，具备运输、仓储、配送、物流系统规划与设计、供应链管理等知识，以解决物流管理领域中的相关问题，并能够综合运用已有的知识、技能和方法，提出新方法、新观点，进行管理创新。

①掌握必备的思想政治理论、科学文化基础知识；
②熟悉与本专业相关的法律法规及文明生产、环境保护、安全消防等知识；
③具有专业初步认知能力；
④掌握采购、生产、仓储、配送、运输、供应链管理等基础知识；
⑤掌握采购需求的确定、采购计划的编制、采购成本计算、供应商的选择及采购绩效等专业知识；
⑥掌握运输方式的选择、车辆的调度、运输路线选择及交通运输整体规划等知识；
⑦掌握配送方案的制订、配送作业的实施、配送成本管理及绩效考核分析等知识；
⑧掌握货物的入库、在库及出库管理能力及库存控制等方面知识；
⑨掌握条形码技术、POS系统（销售时点信息系统）、RF（射频）技术、EDI（电子数据交换）技术等先进物流信息技术原理等知识；
⑩掌握对物流信息系统生命周期的理解及对物流信息系统整体设计能力；
⑪掌握物流数据分类、数据分析及应用方面的知识；
⑫掌握物流项目管理、交通运输规划、物流园区设计、物流设施设备等相关知识。

2. 专业方向知识要求

①具有跨境物流运营管理的知识；
②具有国际货代与通关的知识；
③具有物流数据分析、数据挖掘的知识；
④具有企业（物流）经营管理知识；
⑤具有配送中心规划与设计的知识；
⑥具有物流项目管理的知识；
⑦具有生产物流管理的知识；
⑧有ERP（企业资源计划）软件功能设计与运行实施的知识。

3. 共性专业能力要求

①独立完成物流岗位工作的设计建构能力；

②具有不断钻研获取新知识、新技术的能力；

③文献检索、资料查询及运用现代信息技术获取信息的能力，具有综合运用所学知识和技术，采用现代方法设计机电系统、部件和过程的能力；

④具有探究学习和终身学习的能力；

⑤具有物流工程项目文件整理与撰写的能力；

⑥具有创新物流系统开发和设计的能力；

⑦计算机应用基本能力；

⑧物流相关英文资料的阅读和英语口语表达能力。

4. 专业方向能力要求

①跨境物流方向：具有电子商务、互联网、大数据、信息化技术与应用能力，具有国际货代与通关、商务函电写作和英语沟通交流能力。

②商贸物流方向：具有物流大数据分析与挖掘的能力，配送中心规划与设计能力，储配方案的规划与实施能力。

③生产物流方向：具有企业（物流）经营管理能力，生产运营能力，ERP软件功能设计与实施能力，物流设施布局与优化能力。

5. 素质要求

①要有"金的人格"，即树立正确的人生观和价值观，具有正气、志气、豪气、骨气和义气；

②要有"铁的纪律"，要自觉服从纪律、遵守规则，熟悉与本专业相关的法律法规，能正确认识本专业对客观世界和社会的影响；

③要有"美的形象"，即美的外在和内在，较强的社会责任感和良好的职业道德和规范，具有安全、环保、成本和质量意识；

④要有"强的技能"，要能适应物流行业发展需要，掌握一定的专业技能，胜任岗位要求的能力；

⑤要有"创的精神"，既有创新意识，又有创业能力，具有良好的心理素质和克服困难与挫折的能力；

⑥具有人际交往和协商沟通，与他人的团队合作的能力，以及在团队中发挥作用的能力；

⑦具有国际视野和跨文化交流、竞争与合作的初步能力。

(二)课程体系

1. 通识课程模块

(1) 全校类必修课程

思想道德与法制、中国近现代史纲要、马克思主义基本原理概论、毛泽东思想和中国特色社会主义理论体系概论、形势与政策、大学英语Ⅰ、体育Ⅰ～Ⅵ、大学语文、计算机基础、创新思维与创新方法、创业基础、职业生涯规划、就业指导、大学生心理健康、劳动教育、军事理论。

(2) 学院类必修课程

高等数学Ⅰ(1)、高等数学Ⅰ(2)、线性代数、概率论与数理统计。

(3) 选修课程

人文社科类(理工类专业必选)、艺术与美育类(全校必选)、自然科技类(经管艺术类专业学生必选)、经济管理类、思政选择性必修类(全校必选)、创新创业类。

2. 专业模块

(1) 专业基础课程

创业与管理学、经济学、运筹学、商务统计实务、会计学、物流学、采购管理、国际贸易实务。

(2) 专业核心课程(必修)

仓储与配送管理、运输管理、国际货运代理、供应链管理、物流信息管理、物流系统规划与设计。

(3) 专业核心课程(限选)

跨境物流：国际物流(双语)、外贸单证实务、物流地理、快递实务(16+16)、外贸英语函电。

生产物流：ERP原理与实施、生产与运作管理、物流系统仿真、物流设施布局与优化、物流成本管理。

(4) 专业选修课

市场营销学、物流法律法规、跨境物流管理、物流业务外包、物流系统建模、物流项目管理、商务数据分析与应用、物流设施与设备、物流英语、物流园规划。

3. 素质与能力拓展模块

素质拓展：演讲与口才、职场应用文写作、第二外语、摄影艺术。

能力拓展：第二课堂。

4. 集中实践模块

军事训练、暑期社会实践、创新创业沙盘实训、物流3D虚拟仿真实训、物流业务综合实训、ERP 软件综合实训、供应链管理综合实训、智慧物流方案设计与执行、生产运作综合实训、国际物流综合实训、物流系统规划与设计实训、毕业论文（设计）、毕业实习与毕业论文（设计）。

（三）相关分析

对南京这所职业技术大学现代物流管理专业本科毕业生知识、能力、素质要求进行分析，可以得到毕业生能力结构如图 4-2 所示。进一步分析可以看出南京工业职业技术大学毕业生能力要求标准体现了"基础"+"拓展"，"规定"+"特色"两层次结构，以及"专业"+"通用"两个维度。

二、美国某大学工程技术专业人才培养目标

美国某大学机械工程技术专业的培养目标是工程技术师。培养精通工程与科学的基本原则、精通技术实际应用，在数学、物理科学及其他相关内容的基础上，强调亲身实践，以达成技术的应用和实现。

（一）人才培养目标

①具备利用统计学／概率、应用微分方程等数学方法来分析、实现机械系统及与之相关领域的能力，通过技术知识的应用、问题解决技巧、动手实践技能，为传统及新兴机械行业提供技术服务与支持；

②实施标准试验和测量，能应用实验结果改进过程；

③能在技术和非技术环境中应用书面、口头和图形交流，有能力识别和使用适当的技术文献；

④将项目管理技术应用于机械工程技术项目之中；

⑤可以通过继续学习促进技术改革与创新，以便在经济全球化竞争中获得成功；

⑥可以将所学工程技术问题解决技巧运用于非传统职业领域，如法学、医药学、商业、公共政策等；

⑦在工业工程实践（包括传统和新兴的技术领域）和政府机构中，积极充当领导角色。

第四章 从人才培养视角看本科层次职业院校教师专业能力 | 53

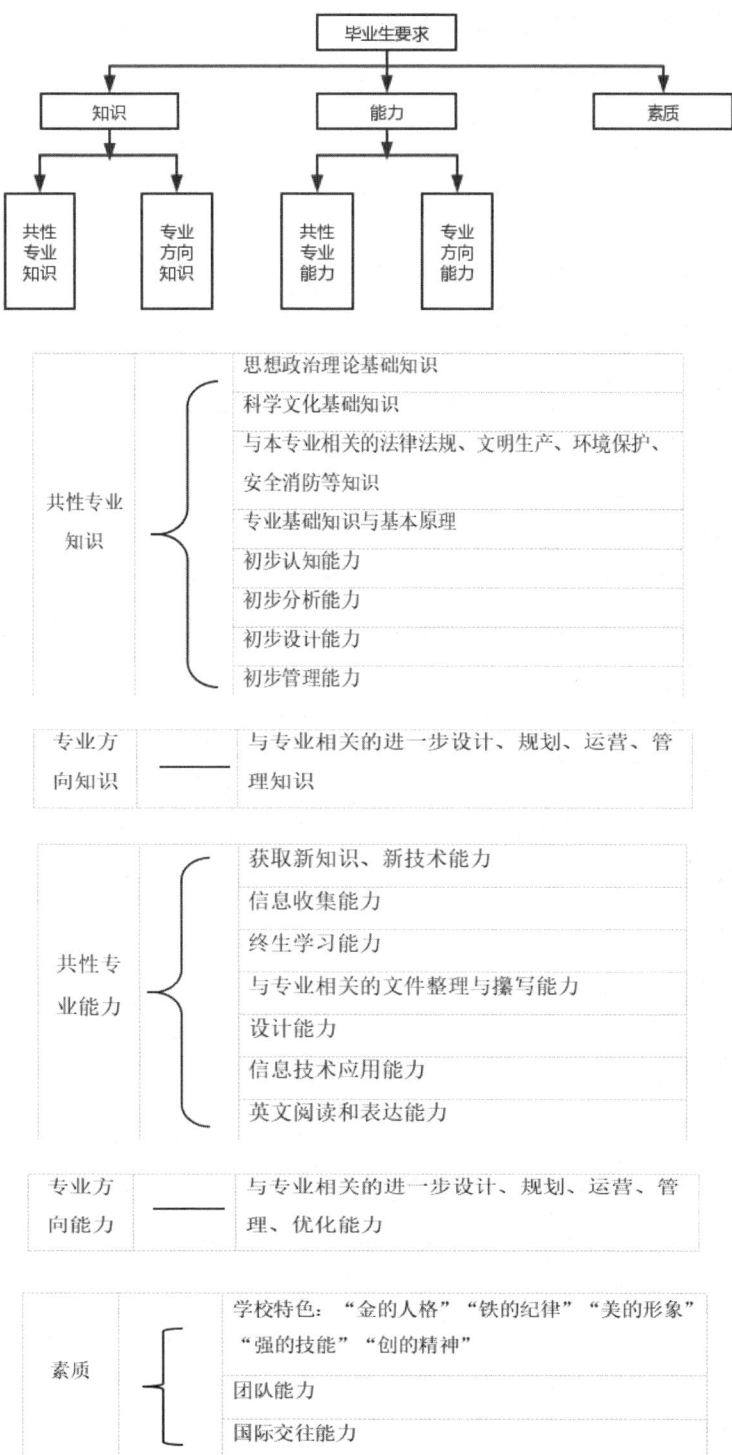

图 4-2 南京某职业技术大学毕业生能力结构

毕业后可在相关企业胜任机械工程技术师、生产工程技术师、质量工程技术师、项目工程技术师等岗位。

(二) 课程体系

1. 学位要求

需要 120 学分。

2. 主要课程（120 学分）

① 必修专业课程（59 学分）

ENGT 18000 ——工程技术基础（SoET Gateway 课程）；

ENGT 18100 —— 工程技术应用（SoET Gateway 实验室）；

MET 10200——生产设计和规格；

MET 11100 —— 应用静力学；

MET 14300 —— 材料和工艺 Ⅰ；

MET 14400 ——材料和工艺 Ⅱ；

MET 21100 —— 材料的应用强度；

MET 21300—— 动力学；

MET 22000——热和电；

MET 23000 —— 流体动力；

MET 24500 ——制造系统；

MET 28400 ——工业控制简介；

MET 31300 ——应用流体力学；

MET 32000 ——应用热力学；

MET 34600—— 制造中的先进材料；

专业要求 学分：0.00；

跨文化要求 学分：0.00。

② MET 选修课（主要学分中包含 15 个学分）

力学选修，学分：3.00

MET 选修或批准的重点领域选修，学分：3.00。

MET 顶点课程选修（1），学分：3.00。

MET 顶点课程选修（2），学分：3.00。

技术选修或批准的重点领域选修，学分：3.00。

③ 其他课程要求（61 学分）

CHM 11100 —— 普通化学；

ECET 22400 —— 电子系统；

MA 16010—— 应用微积分 Ⅰ（满足核心的定量推理）；

MA 16020——应用微积分Ⅱ；

PHYS 22000——普通物理（满足核心科学）；

STAT 30100——基本统计方法；

TECH 12000——技术设计思维（满足信息素养和科学、技术与社会要求）；

IET 33400——技术系统的经济分析

新生作文选修（满足核心的书面交流要求），学分：3.00。

计算机图形技术选修，学分：2.00。

经济学/金融选修，学分3.00。

编程选修，学分3.00。

大一演讲选修（满足核心口语交流要求），学分：3.00。

通信选修，学分：3.00。

技术写作选修课，学分：3.00。

通识教育人类文化，人文选择性（满足人类文化人文核心的要求），学分：3.00。

通识教育人类文化，行为/社会科学（满足人类文化：核心行为科学的要求），学分：3.00。

全球/专业选修，学分：3.00。

技术/管理选修（TECH/MGMT 选择性），学分：3.00。

④大学要求

大学核心要求如下。

人类文化：行为/社会科学（BSS）。

人类文化：人文学科（HUM）。

信息素养（IL）。

口头交流（OC）。

定量推理（QR）。

科学#1（SCI）。

科学#2（SCI）。

科学、技术和社会（STS）。

书面沟通（WC）。

公民素养要求：活动旨在培养其大学学生的公民知识，以培养更知情的公民。学生将通过公民知识测试并完成以下三个路径之一来完成熟练程度测试。

参加六项经批准的公民相关活动，并为每项活动完成评估；或者完成由学校奖学金和参与中心创建的 12 个使用 C-SPAN（美国有线卫星公共事务电视网）材料的播客，并完成每个播客的评估；或者获得这些批准课程之一的及格成绩（或转入批准的 AP 或部门学分代替参加课程）。

（三）能力结构分析

从此大学课程设置可分析出，其工程技术专业毕业生能力包括专业认知能力、专业技术技能、沟通交流能力（口头、书面）、管理能力、信息技术能力、公民素养，也就是专业能力与通用能力两个维度。

第六节　学者的相关研究成果

一、本科层次职业院校毕业生企业能力研究

杨欣斌比较了技能型、技术型、工程型和学术型四种类型人才的智能结构后指出，就工程性和技术型这两类同属应用型的人才来说，二者既有较大区别，更有紧密联系。就区别而论，一是在培养逻辑上，培养工程型人才的应用本科教育，基于学科逻辑是应用属性的学术教育，培养目标具有学术定向性；培养技术型人才的职业本科教育基于职业逻辑是职业教育的高层次，培养目标具有职业定向性。二是在工作内涵上，工程型人才主要从事设计、规划、决策及新技术的研究与开发，而技术型人才主要从事技术应用、现场实施和一定的技术创新。三是在知能结构上，工程型人才要求具有深厚广博的科学理论基础和一定的实际应用能力，而技术型人才要求具有宽广领域的技术理论基础，但对理论深度不作太高要求而是更强调实际应用能力。因此，从这个意义上讲，把应用本科教育定位于培养工程型人才，职业本科教育定位于培养技术型人才是符合学理逻辑的（如图4-3所示）。

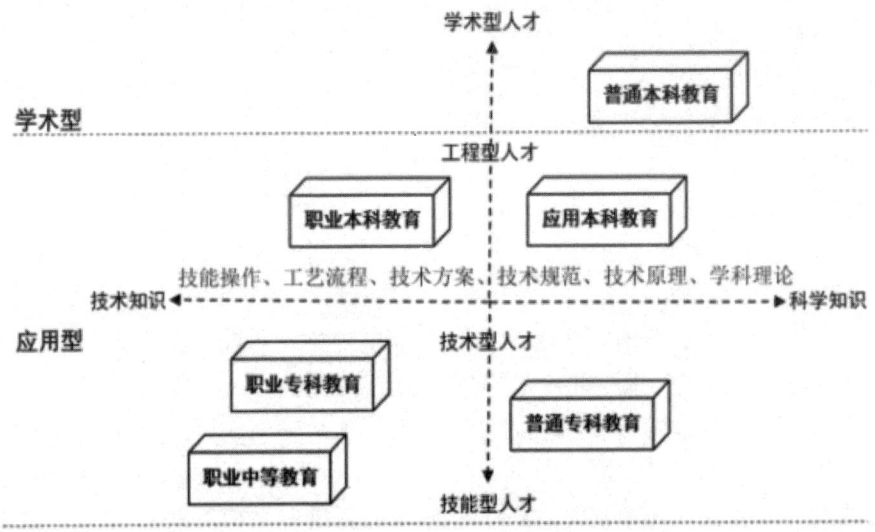

图4-3　人才、知识与教育分类向度

应用型本科培养人才类似于欧美的专业工程师，本科层次职业技术大学培养人才类似于欧美的技术工程师。专业工程师需要掌握更深的数物化知识和科学原理，更重视设计方法和创造能力培养，是设计的创新者；技术工程师是以较广的技术理论知识和更强的技术能力为基础，把专业工程师的研究和设计成果进行应用的组织者和实施者，更强调技术创新能力培养。

从与职业专科教育的比较来看，职业本科教育的培养目标主要体现在"高层次"上。一是在职业面向上，职业本科教育主要面向行业产业的高端领域培养人才，成为主动服务产业基础高级化、产业链现代化、建设现代化的经济体系的生力军。二是在技术技能上，职业本科教育要求的复合性、复杂性和迁移性高于职业专科教育，要求学生能综合应用技术技能完成复杂工作，其专业性更强；而职业专科教育主要面向特定或固定工作岗位，突出技术技能的适用性和熟练度，其专门性更强。三是在理论基础上，职业本科教育的要求高于职业专科教育，面对日益复杂的工作情境和问题情境，需要学生具有扎实的技术理论知识作支撑。四是在职业能力上，职业本科教育更强调培养学生运用技术原理进行技术创新的能力，自主学习、独立思考的能力，以及沟通、协调、决策等组织领导能力。

因此，职业本科教育主要培养运用知识和技术制订技术实施方案的人才，其知识结构要求专业知识的广度和实用性，能力结构要求技术创新和二次开发能力及组织管理能力。职业本科教育的人才培养目标定位可以表述为，面向行业产业的高端领域，培养能从事产品生产和服务、科技成果转化、解决复杂问题和进行复杂操作，具有较强专业能力、创新能力、方法能力、组织领导能力、可持续发展能力和综合职业素养的高层次技术技能人才（如图4-4所示）。[①]

图4-4 高层次技术技能人才能力结构

---

① 杨欣斌. 职业本科教育人才培养模式的思考与探索 [J]. 高等工程教育研究，2022（1）：127-133.

二、其他相关研究

（一）职业能力

李莎莎认为，工业 4.0 时代行业发展对员工提出了新的要求，本科层次职业教育是适应我国工业发展模式转型迫切需要建立的，本科层次职业教育培养的人才应为工业 4.0 和"中国制造 2025"时代所需的高层次技术技能人才，未来要从事高层次技术岗位工作。职业本科院校需在以往强调培养德、技、才全面发展的一般技术技能人才基础上，培养具有职业核心能力的高层次技术技能人才。职教本科生所需养成的职业核心能力及培养模式应当与培养其他类型的学生既存在一致性，也存在差异性，因此应包含学生一般职业核心能力的内容，兼顾职业教育特点和本科教育属性，更加关注职教本科生在创新创业中所需的职业核心能力，遵循大学生生涯发展阶段的特点，结合专业人才培养目标和学情特点进行培养。工业 4.0 时代职教本科生所需的职业核心能力既要包括我国早已提出的八大类职业核心能力，还要包括工业 4.0 时代对人才素质的新需求，如人的情感能力和创新能力、终身学习能力和适应环境能力、自我管理能力、国际化能力。[①]

（二）持续发展能力

随着职业种类的增减与职业资质的改变，个人需要长期稳定的社会性支持来提高技能和更新技能。每位公民都能够终身受益于职业指导，终身学习的作用日益凸显，因此世界各国和组织都非常重视人的持续发展能力。党的十八大将"促进人的全面发展"纳入中国特色社会主义道路内涵，并强调要在不断促进人的全面发展上取得新成效。联合国教科文组织《2030 年可持续发展议程》中也提出确保公平和优质的教育，让全民终身享有学习机会。我国学者对大学生可持续发展能力的研究大致源于 20 世纪 90 年代，并取得了一定的成果。例如，毛文娟、朱芸研究指出大学生可持续发展能力构成体系的四层结构包括总体层、系统层、状态层（水平层）、要素层。总体层是从整体上综合反映一名高职大学生的可持续发展能力。系统层是高职大学生可持续发展能力系统内部具有相互支撑、相互作用的四个子系统，包括发展观念支持系统、人文可持续发展支持系统、职业可持续发展支持系统和发展环境支持系统。发展观念支持系统包括自我发展理念、身心健康水平、主动学习意识、环境洞察能力等方面状态；人文可持续发展支持系统包括语言交流水平、社会活动能力、自我调适能力、生活美化能力等方面状态；职业可持续发展支持系统包括专业理论知识、技术应用能力、解决问题能力、团队协作能力、职业规划能力等方面状态；发展环境支持系统包括家庭教育

---

① 李莎莎. 工业 4.0 时代职教本科生职业核心能力培养的思考 [J]. 职教通讯, 2021（12）:95-101.

水平、学校教育水平、社会环境水平、朋辈环境影响等方面状态。状态层也称水平层，是反映和决定各子系统能力的主要环节和关键组成内容的状态和水平。要素层是从本质上反映、揭示状态行为、关系、变化的原因和动力。[①]

（三）绿色技能

国际劳工组织（ILO）发表的《绿色就业倡议和技能发展框架》中提到的"绿色工作"，即在一个可持续、低碳的世界中实现体面工作，是关于绿色经济出现及其对工作市场影响的第一项全面研究。它描述了关于未来绿色工作的初步发展动向与相关的政策建议。此后，世界各国为实现可持续的学习采取了相应的措施。绿色技能培养成为国际教育的发展趋势以及职业教育现代化的重要表征。王文彬等研究指出，目前国际上尚未对绿色技能有明确定义，但从各国的政策、研究及实践成果分析，绿色技能大体可以理解为，对气候变化、不可再生资源减少、环境污染等的环境问题意识，实现可持续生活方式的责任感及在工作中践行可持续发展的能力。[②]我国教育部职业技术教育中心研究所的刘育锋主任从职业教育系统角度，对绿色技能作出界定，提出绿色技能是指劳动力支持并促进工商业和社区可持续的社会、经济发展和环境友好而需要的技术、知识、价值和态度。[③]欧洲职业培训发展中心，以经济活动向低碳经济过渡的重要程度为纵轴，以经济活动中劳动力的分布比例为横轴，将绿色技能分为专业化绿色技能、现有技能的追加、通用绿色技能、通用技能。[④]

（四）数字技能

随着数字产业规模的持续扩张和传统产业的数字化转型，各种职业所需的岗位技能不再局限于特定领域的专业知识和能力，还包括利用数字技术高效开展工作的知识和能力。学生需要发展出融合数字素养的岗位专业知识和能力，即数字化专业知识和能力。这要求学生能够了解特定职业所需的核心数字技术，利用数字技术完成特定职业的工作，解释和评估特定领域的数字信息和数据，借助数字技术进行交流协作、问题解决和工作处理。[⑤]这也成为了世界各国的共识。2020年，欧盟各成员国负责职业教育与培训的部长于德国共同签署颁布了《奥斯纳布

[①] 毛文娟，朱芸. 高职大学生可持续发展能力构成体系与现状分析[J]. 教育与职业，2015（27）：107-109.
[②] 王文彬，易雪玲，王春娟. 职业院校通用绿色技能教育的内涵及实现路径[J]. 当代职业教育，2019（1）：22-27.
[③] 刘育锋. 贯彻可持续发展战略职业教育系统开发绿色技能[J]. 中国职业技术教育，2017（34）：100-104.
[④] 李玉静. 绿色技能开发：背景、内涵及策略[J]. 职业技术教育，2015，36（15）：11-17.
[⑤] 郑云翔，钟金萍，黄柳慧，等. 数字公民素养的理论基础与培养体系[J]. 中国电化教育，2020（5）：69-79.

吕克宣言：关于职业教育和培训促进经济复苏以及向数字经济和绿色经济的合理过渡》，希望借助数字化的发展路径，提升劳动者技能与工作岗位的适配性，在一定程度上提高劳动生产率，以及通过欧洲的青年人不断提高与更新陈旧的劳动技能，增强其主动参与工作本位学习的动力，为欧洲学习型社会的建设添砖加瓦。[①] 众多的学者围绕数字技能在其重要性、内涵、要素、培养方式等各方面开展研究，如数字素养包括基本的数字技术知识与技能，信息与数据素养，利用数字技术进行交流与协作的能力，数字内容创作的能力，数字安全和数字伦理的意识，借助数字技术进行持续学习、解决问题、反思和自我提升的能力，增强数字化专业知识和能力等。

第七节　本科层次职业院校毕业生能力模型及标准建构

一、本科层次职业院校毕业生应具备的能力要素分析

《高等教育法》与《职业教育法》的相关规定是对本科层次职业院校毕业生能力的基本要求。《本科层次职业学校本科教学工作合格评估指标和基本要求（试行）》是相关专业建设的必须标准，大典规定、国家职业资格标准规定、职业技能等级标准规定等是行业企业对本科层次职业院校毕业生的需要，ABET 工程技术认证标准、ASIIN 学位课程认证标准是国际工程技术人才培养的共同准则。

本研究贯彻国家法律法规要求，在体现中国特色职业教育标准的基础上，吸收国际工程技术教育理念，选择职业道德、专业认知能力、专业技术技能、方法能力、管理能力、可持续发展能力、创新创业能力、信息技术能力、绿色技术技能作为要素，构建能力模型。其中，职业道德是我国职业教育的核心，也是其他能力发展的动力。专业认知能力体现本科职业教育的高层次，专业技术技能体现本科职业教育的类型特征。欧盟把职业院校毕业生能力分为纵向上的专业能力和横向上的通用能力，本研究吸取国际工程认证理念和新时代对职业院校毕业生的要求，将管理能力、可持续发展能力、创新创业能力、绿色技能、数字技能、沟通能力作为新时代的通用能力。高等教育法要求本科生具备初步的研究能力，本研究认为职业本科学生的研究能力更多地体现在对工业和商业生产流程、设备、材料、产品、模式等进行升级改造上，也就是创新能力上。

---

① 林欣玉，关晶. 以职业教育促进欧洲经济复苏与绿色转型——解读《奥斯纳布吕克宣言》[J]. 中国职业技术教育，2022（18）:72-79.

二、本科层次职业院校毕业生专业能力模型

能力研究的行为主义范式虽然受到批评，但是它具有容易观察、容易测量、容易理解的优势，适合基层学校使用。因此，本研究以行为主义范式为理论基础，搭建了（本科层次）职业院校毕业生专业能力模型（如图4-5所示）。模型分为践行职业道德能力、专业认知能力、专业技术技能、沟通能力、管理能力、可持续发展能力、创新创业能力、数字技能、绿色技能等9个领域，学校可根据自己的办学特色，进行能力添加。学生在学习过程中整合每一个领域的能力，直到将这些领域的知识、技能完全整合，形成专业能力。如果学生达不到毕业所要求的最基本专业能力，则是不合格的毕业学生。随着学生的不断发展，他们可以在更大的范围内整合专业知识。如果他们在形成专业能力后，仅在某一领域内发展，则可能成为相关领域专家。

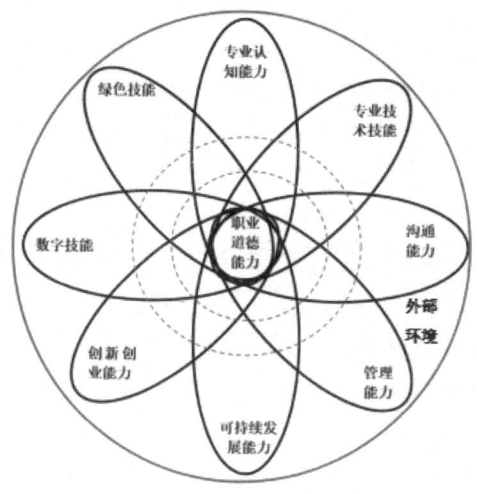

图 4-5 职业院校毕业生专业能力模型

三、本科层次职业院校毕业生通用专业能力标准

为落实《高等教育法》《职业教育法》相关规定以及《本科层次职业学校本科教学工作合格评估指标和基本要求（试行）》，综合考量行业企业、国际工程技术认证要求、学生家长期望，本研究认为本科层次职业学校本科毕业生通用专业能力应该达到以下标准（如表4-10所示）。

表 4-10 本科层次职业院校毕业生通用专业能力标准

能力要素	能力标准
职业道德	遵守宪法和法律，遵守社会公德，爱党爱社会主义，坚持学习劳动精神、工匠精神、劳模精神
	展示社会和环境背景下对工程实践的健康、安全和法律问题及责任的认识，践行职业道德、责任和规范
专业认知能力	熟练掌握本专业的技术理论知识，具备相关学科知识，具有运用科学知识设计本专业系统、组件或流程的能力
专业技术技能	能够进行标准测试、测量和实验。能够选择合适的分析、建模、模拟和优化方法，并熟练应用；能够熟练使用现代工具。具备本专业实践能力，达到职业资格三级或职业技能等级高级水平
沟通能力	具有识别和使用适当技术文献的能力，能够使用多种方法与国内外企业和其他社会人员进行有效沟通
管理能力	作为团队成员参与团队活动，使团队有效运作
可持续发展能力	认识到终身学习的必要性，并有能力参与终身学习
创新创业能力	具备初步的研究能力，能够进行调查和评估，并提出改进意见；能够将工程和自然科学的新发现对工业和商业生产流程、设备、材料、产品、模式等进行升级改造；具备初步的创业知识
数字技能	具有与生活和专业相关的数字技能
绿色技能	具有与生活和专业相关的绿色技能

第八节 从毕业生专业能力角度分析教师专业能力

以毕业生专业能力要素为基础，分析研究教师专业能力要素、标准是研究教师职业能力的重要内容之一。从国际教育标准（ISCED 2011）看，本科层次职业教育属于 5B 级，教师由 6 级或 7 级毕业生担任。我国高等教育法规定，本科院校教师由本科及以上学历人员担任。通过与毕业生能力相对比，本科层次职业院校教师专业认知能力在本科及以上，专业技术技能应取得国家资格三级或高级技能证书及以上。美国学者，明尼苏达大学教授托兰斯（Torrance）通过调查、分析和研究认为，教师的创新能力与学生的创新能力之间是一种正相关的关系。因此，教师及其所在团队应能在更高水平上展示、运用职业道德、创新创业能力、信息技能、绿色技能，除此外还应具有教育教学能力，对学生专业学习、职业道德等能力提高起到足够的支持作用，并应具备可持续发展能力，随着社会进步不断提高自己的专业能力。

第五章　从法规政策视角看本科层次职业院校教师专业能力

随着时代数智化发展，社会对于学生能力的要求越来越高，职业教育作为以能力为本位的教育类型，其教师所具备的能力越全面、越专业，学生的能力构建就越完善。此外，由于职教教师工作环境较复杂，工作内容也较丰富，这也对他们的能力提出了更高要求。

职业教育国家法规政策是职业教育教师队伍建设的重要保证。从宏观层面上它规定着职业教育教师队伍建设的理念方向、目标任务、质量标准、管理制度等；从微观层面而言，是对教师培养培训、专业发展、考核评价、待遇地位等方面的规划、制度和保障措施，具有政治的权威性、影响的全局性、实施的系统性、相对的独立性、鲜明的特色性。职教教育法规政策对职业教育加强师德建设，促进教师专业发展和内涵建设转变，提高教师专业素质，起到了巨大作用。分析国家法规政策对制定本科层次职业院校教师专业能力模型、标准具有重要的意义。

第一节　国家法律对教师的要求

一、《高等教育法》对教师的要求

《高等教育法》第四十六条指出，"高等学校实行教师资格制度。中国公民凡遵守宪法和法律，热爱教育事业，具有良好的思想品德，具备研究生或者大学本科毕业学历，有相应的教育教学能力，经认定合格，可以取得高等学校教师资格。不具备研究生或者大学本科毕业学历的公民，学有所长，通过国家教师资格考试，经认定合格，也可以取得高等学校教师资格。"

第四十七条指出，"高等学校实行教师职务制度。高等学校教师职务根据学校所承担的教学、科学研究等任务的需要设置。教师职务设助教、讲师、副教授、教授。

高等学校的教师取得前款规定的职务应当具备下列基本条件：

（一）取得高等学校教师资格；

（二）系统地掌握本学科的基础理论；

（三）具备相应职务的教育教学能力和科学研究能力；

（四）承担相应职务的课程和规定课时的教学任务。

教授、副教授除应当具备以上基本任职条件外，还应当对本学科具有系统而坚实的基础理论和比较丰富的教学、科学研究经验，教学成绩显著，论文或者著作达到较高水平或者有突出的教学、科学研究成果。

高等学校教师职务的具体任职条件由国务院规定。"

二、《职业教育法》对教师的要求

《职业教育法》第四十六条规定"国家建立健全符合职业教育特点和发展要求的职业学校教师岗位设置和职务（职称）评聘制度。职业学校的专业课教师（含实习指导教师）应当具有一定年限的相应工作经历或者实践经验，达到相应的技术技能水平。具备条件的企业、事业单位经营管理和专业技术人员，以及其他有专业知识或者特殊技能的人员，经教育教学能力培训合格的，可以担任职业学校的专职或者兼职专业课教师；取得教师资格的，可以根据其技术职称聘任为相应的教师职务。取得职业学校专业课教师资格可以视情况降低学历要求。"第四十七条规定，"国家鼓励职业学校聘请技能大师、劳动模范、能工巧匠、非物质文化遗产代表性传承人等高技能人才，通过担任专职或者兼职专业课教师、设立工作室等方式，参与人才培养、技术开发、技能传承等工作。"第四十八条规定，"国家制定职业学校教职工配备基本标准。省、自治区、直辖市应当根据基本标准，制定本地区职业学校教职工配备标准。县级以上地方人民政府应当根据教职工配备标准、办学规模等，确定公办职业学校教职工人员规模，其中一定比例可以用于支持职业学校面向社会公开招聘专业技术人员、技能人才担任专职或者兼职教师。"

三、《中华人民共和国教师法》对教师的要求

《中华人民共和国教师法》（以下简称《教师法》）要求教师应当履行下列义务："（一）遵守宪法、法律和职业道德，为人师表；（二）贯彻国家的教育方针，遵守规章制度，执行学校的教学计划，履行教师聘约，完成教育教学工作任务；（三）对学生进行宪法所确定的基本原则的教育和爱国主义、民族团结的教育，法制教育以及思想品德、文化、科学技术教育，组织、带领学生开展有益的社会活动；（四）关心、爱护全体学生，尊重学生人格，促进学生在品德、智力、体

质等方面全面发展；（五）制止有害于学生的行为或者其他侵犯学生合法权益的行为，批评和抵制有害于学生健康成长的现象；（六）不断提高思想政治觉悟和教育教学业务水平。"

《教师法》还要求"取得高等学校教师资格，应当具备研究生或者大学本科毕业学历"。

四、依法分析职业教育教师（团队）的专业能力要素

依据《高等教育法》和《教师法》的相关条款，通过分析、研究可以看出，作为职业院校的教师，其专业能力要素应包括以下几个方面。

①遵守宪法、法律，践行职业道德。

②具备系统、坚实的专业理论，掌握与任教专业、课程相关的系统性理论知识，并具备应用知识解决实际相关专业问题的能力。

③具备相应职务的教育教学能力。

④具备相应职务的科学研究能力。

⑤承担相应职务的课程和规定课时的教学任务，且教学成果、业绩显著。

⑥承担相应职务的科研工作量和任务，且科研水平、成果、业绩显著。

第二节　国务院、教育部相关政策性文件对本科层次职业院校教师（团队）的要求

一、《本科层次职业学校设置标准（试行）》对教师（团队）的要求

《本科层次职业学校设置标准（试行）》对教师的要求包括：

"（一）应具有较强的教学、科研力量，配备专、兼职结合的教师队伍，专任教师总数应满足生师比不高于18∶1的标准。来自行业企业一线的兼职教师占比不低于专任教师总数的25%，承担专业课教学任务授课课时占学校专业课总课时的20%以上。"

"（二）专任教师总数不少于450人，具有硕士及以上学位的教师数占专任教师总数的比例应不低于50%，具有高级专业技术职务的专任教师人数一般应不低于专任教师总数的30%，其中具有正高级专业技术职务的专任教师应不少于30人。专任专业课教师中，具有三年以上企业工作经历，或近五年累计不低于6个月到企业或生产服务一线实践经历的'双师型'教师比例不低于50%。"

"（三）近五年内在职在岗教师（教师团队）获得国家级奖励或荣誉1项以上（包括中央组织部、教育部、人力资源和社会保障部主导的人才工程、竞赛项目

或荣誉标准）。"

二、《本科层次职业教育专业设置管理办法（试行）》对教师（团队）的要求

"第十条 设置本科层次职业教育专业须有完成专业人才培养所必需的教师队伍，具体应具备以下条件：

"（一）全校师生比不低于1∶18；所依托专业专任教师与该专业全日制在校生人数之比不低于1∶20，高级职称专任教师比例不低于30%，具有研究生学位专任教师比例不低于50%，具有博士研究生学位专任教师比例不低于15%。"

"（二）本专业的专任教师中，'双师型'教师占比不低于50%。来自行业企业一线的兼职教师占一定比例并有实质性专业教学任务，其所承担的专业课教学任务授课课时一般不少于专业课总课时的20%。"

"（三）有省级及以上教育行政部门等认定的高水平教师教学（科研）创新团队，或省级及以上教学名师、高层次人才担任专业带头人，或专业教师获省级及以上教学领域有关奖励两项以上。"

三、《本科层次职业学校本科教学工作合格评估指标和基本要求（试行）》对教师（团队）的要求

（一）教师数量和生师比

"全校师生比不低于1∶18，专任教师总数不少于450人；本科专业专任教师与该专业全日制在校生人数之比不低于1∶20。"

"合理控制班级授课规模，有足够数量的教师参与学生学习辅导"。

（二）队伍结构

"教师队伍年龄、学历、专业技术职务、专兼职比例等结构合理，整体素质能满足学校办学定位和人才培养目标的要求。"

"来自行业企业一线的兼职教师占专兼职教师总数的比例不低于25%（公办学校占比为25%左右，民办学校占比不超过50%），其所承担的专业课教学任务授课课时一般不少于专科课总课时的20%。"

"全校和各本科专业具有硕士及以上学位的教师数占专任教师总数的比例应不低于50%，其中：本科专业具有博士学位教师占比不低于15%。"

"全校和各本科专业具有高级专业技术职务的专任教师人数一般不低于专任教师总数的30%，其中全校具有正高级专业技术职务的专任教师应不少于30人。

"专任专业课教师中，具有3年以上企业工作经历，或近5年累计不低于6

个月到企业或生产一线实践经历的'双师型'教师比例不低于50%。"

"相关专业教师原则上从具有3年以上企业工作经历并具有高职（专科）以上学历的人员中公开招聘"。

（三）专业带头人与团队建设

"专业带头人原则上由省级及以上教学名师，或专业教师获省级及以上教学领域有关奖励两项以上等高层次人才担任"。

（四）师德师风

"建立教师思想政治工作体系和师德师风建设长效机制，在教师年度考核、职称评聘、推优评先、表彰奖励等工作中进行师德考核，实行师德失范行为'一票否决'。指定具体的教师职业行为负面清单及失范行为处理办法。"

"完善师德规范，引导广大教师以德立身、以德施教、以德育德，争做'四有'好教师，推动教师成为先进思想文化的传播者、党执政的坚定支持者，学生健康成长的指导者"。

（五）教学水平

"教师具有较高的专业水平，拥有满足执教需要的教学能力、信息技术应用能力、资源整合能力和职业发展能力，积极推行教师分工协作的模块化教学，教师、教材、教法改革有实效。"

"教师积极参与教（科）研，以研促教、以研促学能力强。课堂教学、实践指导、咨询服务能满足人才培养的要求，学生基本满意"。

四、教育部相关文件中对职业教育教师提出的要求

（一）新时代党和国家对教师的要求

党的十八大以来，以习近平同志为核心的党中央高度重视教师队伍建设。党的十八大提出立德树人是教育的根本任务，全国教育大会提出要坚持把教师队伍建设作为基础工作。习近平总书记对广大教师寄予殷切期望，并提出"三个牢固树立""三个传播""三个塑造""四有好老师""四个引路人""四个相统一""六个下功夫"等师德建设标准和要求。这些要求为本科层次职业院校教师专业能力标准制定提供了根本遵循。

（二）《新时代高校教师职业行为十项准则》对教师践行职业道德能力的要求

2018年，为深入贯彻习近平新时代中国特色社会主义思想和党的十九大精

神，深入贯彻落实全国教育大会精神，扎实推进《中共中央 国务院关于全面深化新时代教师队伍建设改革的意见》的实施，进一步加强师德师风建设，教育部研究制定了《新时代高校教师职业行为十项准则》。十项准则包括坚定政治方向、自觉爱国守法、传播优秀文化、潜心教书育人、关心爱护学生、坚持言行雅正、遵守学术规范、秉持公平诚信、坚守廉洁自律、积极奉献社会。教育部要求将十项准则落实在教师引进、聘用、年度考核、职称评聘、推优评先、表彰奖励等工作中。[①]

（三）《国家职业教育改革实施方案》对教师能力的要求

2019年，国务院印发了《国家职业教育改革实施方案》，这篇8700多字的文件对职业教育提出了全方位的改革设想，对职业教育教师队伍建设也提出了直接的建设要求。《国家职业教育改革实施教育方案》要求，"从2019年起，职业院校、应用型本科高校相关专业教师原则上从具有3年以上企业工作经历并具有高职以上学历的人员中公开招聘，特殊高技能人才（含具有高级工以上职业资格人员）可适当放宽学历要求，2020年起基本不再从应届毕业生中招聘。加强职业技术师范院校建设，优化结构布局，引导一批高水平工科学校举办职业技术师范教育。实施职业院校教师素质提高计划，建立100个'双师型'教师培养培训基地，职业院校、应用型本科高校教师每年至少1个月在企业或实训基地实训，落实教师5年一周期的全员轮训制度。探索组建高水平、结构化教师教学创新团队，教师分工协作进行模块化教学。定期组织选派职业院校专业骨干教师赴国外研修访学。在职业院校实行高层次、高技能人才以直接考察的方式公开招聘。建立健全职业院校自主聘任兼职教师的办法，推动企业工程技术人员、高技能人才和职业院校教师双向流动。职业院校通过校企合作、技术服务、社会培训、自办企业等所得收入，可按一定比例作为绩效工资来源。"

除此之外，《国家职业教育改革实施方案》对职业教育的其他工作也作出了具体要求。一是《国家职业教育改革实施方案》指出职业教育和普通教育是两种不同类型的教育；二是要求国家教学标准在职业学校落地，积极推动产教融合校企"双元"育人机制；三是建设训育并重的现代职业教育体系。

（四）《全国职业院校教师教学创新团队建设方案》对教师的能力要求

《全国职业院校教师教学创新团队建设方案》中，规定了团队师德师风高尚、团队结构科学合理、团队负责人能力突出、教学改革基础良好、专业特色优势明

---

① 中华人民共和国教育部.教育部关于印发《新时代高校教师职业行为十项准则》《新时代中小学教师职业行为十项准则》《新时代幼儿园教师职业行为十项准则》的通知[EB/OL].（2018-11-14）
http://www.moe.gov.cn/srcsite/A10/s7002/201811/t20181115_354921.html

显、保障措施完善健全等六项立项条件。

团队负责人能力突出一项，要求"团队负责人应是具有相关专业背景和丰富企业实践经历（经验）的专业带头人；具有改革创新意识、较高学术成就、较强组织协调能力和合作精神；熟悉相关专业教学标准、职业技能等级标准和职业标准，具有课程开发经验。牵头建有省级以上'双师型'名师工作室、教师技艺技能传承创新平台、技能大师工作室等优先。"

教学改革基础良好一项，要求"学校重视教育教学改革与研究，及时将最新研发成果融入教学，推动信息技术与教育教学融合创新，承担国家职业教育专业教学资源库和国家在线开放课程（含资源共享课程、精品视频公开课程等）开发，并广泛应用于教学实践。教学改革项目获得国家级教学成果奖或建有全国黄大年式教师团队的同等条件下优先。"

专业特色优势明显一项，要求"校企合作基础良好，积极承担集团化办学、现代学徒制试点、订单培养等工作，承接过国家或地方、企业重大科技攻关项目或研究课题。学生毕业生对口就业率高，师生在全国职业院校技能大赛中获奖。中央财政支持建设的国家重点建设专业、国家（省）级特色专业、中国特色高水平高职学校和专业建设计划入选专业或承担国家级教师培训任务的国家重点建设专业优先。具备一定的中外合作基础，推动人才培养的国际交流与合作成效显著。"

《全国职业院校教师教学创新团队建设方案》中还规定了加强团队教师能力建设，建立团队建设协作共同体，构建对接职业标准的课程体系，创新团队协作的模块化教学模式，形成高质量、有特色的经验成果等五项建设任务。

加强团队教师能力建设一项，要求"组织团队教师全员开展专业教学法、课程开发技术、信息技术应用培训以及专业教学标准、职业技能等级标准等专项培训，提升教师模块化教学设计实施能力、课程标准开发能力、教学评价能力、团队协作能力和信息技术应用能力。支持团队教师定期到企业实践，学习专业领域先进技术，促进关键技能改进与创新，提升教师实习实训指导能力和技术技能积累创新能力。"

建立团队建设协作共同体一项，要求"按照专业领域，由若干所立项院校建立协作共同体，完善校企、校际协同工作机制，促进团队建设的整体水平不断提升，推进专业设置与产业需求对接、课程内容与职业标准对接、教学过程与生产过程对接。增强立项院校之间的人员交流、研究合作、资源共享，在团队建设、人才培养、教学改革、职业技能等级证书培训考核等方面协同创新。推动院校与企业形成命运共同体，共建高水平教师发展中心或实习实训基地，在人员互聘、教师培训、技术创新、资源开发等方面开展全面深度合作、促进'双元'育人，切实提高复合型技术技能人才培养质量。"

构建对接职业标准的课程体系一项，要求"服务'1'与'x'的有机衔接，校企共同研究制订人才培养方案，按照职业岗位（群）的能力要求，制订完美课程标准，基于职业工作过程重构课程体系，及时将新技术、新工艺、新规范纳入课程标准和教学内容，将职业技能等级证书与学历证书相互融通。"

创新团队协作的模块化教学模式一项，要求"以学生为中心，健全德技并修、工学结合的育人模式，构建'思政课程'与'课程思政'大格局，全面推进'三全育人'，实现思想政治教育与技术技能培养融合统一。开展国家级团队教学改革课题研究，创新模块化教学模式，打破学科教学的传统模式，探索'行动导向'教学、项目式教学、情景式教学、工作过程导向教学等新教法，支持每位教师形成特色教学风格。明确团队教师职责分工，每位教师要全面参与人才培养方案制（修）订、课程标准开发、教学流程重构、课程结构再造、学习管理与评价等专业建设全过程，教师分工协作进行模块化教学，不断提升教学质量效果。推动人工智能、大数据、虚拟现实等新技术在教育教学中的应用，有效开展教学过程监测、学情分析、学业水平诊断和学习资源供给，推进信息技术与教育教学融合创新。"

形成高质量、有特色的经验成果一项，要求"与世界职业教育发达国家开展交流合作，学习先进经验并不断进行优化改进团队建设方案。总结、凝练团队建设成果并进行转化，推广应用于全国职业院校专业人才培养实践，形成具有中国特色、世界水平的职业教育教学模式。落实'走出去'战略，加强技术技能人才培养的国际合作，不断提升我国职业教育的国际影响力和竞争力。"

（五）《深化新时代职业教育"双师型"教师队伍建设改革实施方案》对教师的能力要求

为贯彻落实《中共中央 国务院关于全面深化新时代教师队伍建设改革的意见》和《国家职业教育改革实施方案》，深化职业院校教师队伍建设改革，培养造就高素质"双师型"教师队伍，增强师资队伍对新时代国家职业教育改革新要求的适应性，2019年教育部等四部门发布关于印发《深化新时代职业教育"双师型"教师队伍建设改革实施方案》的通知。通知要求教师能力要适应以智能制造技术为核心的产业转型升级需要，强化专业教学和实践要求，全面提升教师开展教学培训和评价的能力以及团队协作能力，推动教师立足行业企业，开展科学研究，服务企业技术升级和产品研发。要将体现技能水平和专业教学能力的双师素质纳入"双师型"教师考核评价体系。

（六）《职业教育"双师型"教师基本标准》对教师能力的要求

2022年10月，教育部印发了以《职业教育"双师型"教师基本标准》为主要内容的《教育部办公厅关于做好职业教育"双师型"教师认定工作的通知》，该文件第一次明确了我国职业教育"双师型"教师的认定范围、认定程序和认定的基本标准，是规范职业院校开展"双师型"教师认定工作的指导性文件，开启了我国职业教育教师队伍建设的新纪元。"双师型"教师要贯彻党的教育方针，热爱职业教育事业，具有良好的思想政治素质和师德素养。要落实立德树人根本任务，践行产教融合，做到德技并修。应具备相应的理论教学和实践教学能力，在专业知识方面，教育理念、教学方法、教学业绩、课程建设、专业发展等都须达到相应条件，在实践技能方面，须具有一定的企业相关工作经历或者实践经验，目的是能够指导学生实习实训，开展实践教学研究、设备改造和技术革新。作为新时代"双师型"教师，还须充分掌握现代信息技术。能够打破校企壁垒，承担起促进教育链、人才链与产业链、创新链有机衔接的教育职责，承担起将职业元素融入教育教学、将产业知识融入专业建设的技术技能人才培养的责任和义务。

（七）《加强碳达峰碳中和高等教育人才培养体系建设工作方案》对教师绿色技能的要求

为贯彻落实《中共中央 国务院关于完整准确全面贯彻新发展理念做好碳达峰碳中和工作的意见》和《国务院关于印发2030年前碳达峰行动方案的通知》（国发〔2021〕23号）精神，以高等教育高质量发展服务国家碳达峰碳中和专业人才培养需求，教育部于2022年印发《加强碳达峰碳中和高等教育人才培养体系建设工作方案》。

该方案要求职业教师具有围绕碳达峰碳中和目标，调整培养目标要求，修订培养方案的能力；优化课程体系和教学内容的能力；将互联网、大数据分析、人工智能、数字经济等赋能技术与专业教学紧密结合的能力；与国内能源、交通和建筑等行业的大中型和专精特新企业深化产学合作，联合制订培养方案，推动科技成果转化，推动标准共用、技术共享、人员互通的能力；建设在线课程、虚拟仿真实验课程的能力；基于碳达峰碳中和人才的通用能力和专业能力分析，分领域协同共建知识图谱、教学视频、电子课件、习题试题、教学案例、实验实训项目等，形成优质共享的教学资源库的能力；就绿色低碳方面的工作进行国际交流的能力；等等。

（八）《中国教育现代化2035》等对教师数字技术能力要求

2019年，国务院印发《国家职业教育改革实施方案》，方案明确将信息化建设列入职业学校办学标准。同年，中共中央、国务院印发《中国教育现代化2035》，提出加快信息化时代教育变革，推动教育组织形式和管理模式的变革创新，以信息化推进教育现代化，明确教育信息化是教育现代化的重要支撑。2020年教育部发布《职业院校数字校园规范》，规范、引导职业学校在新形势下开展信息化工作，促进发展"互联网+"职业教育。这些都对职业学校信息化建设提出了更高的要求，也凸显了职业学校做好、做实、做强信息化建设的必要性和紧迫性。《教育部高等教育司2022年工作要点》中全面部署了高校数字化建设，要求推进课程、教材、实验、教研、教管、图书文献、教学资源库、教学质量检测、国际合作、管理决策数字化建设。

党的二十大报告明确提出要"推进教育数字化"，教师是提升教育水平的主力，要不断提升教师的能力素养。为了深入贯彻落实党的二十大精神，扎实推进国家教育数字化战略行动，完善教育信息化标准体系，提升教师利用数字技术优化、创新和变革教育教学活动的意识、能力和责任，教育部于2022年发布了《教师数字素养》，用于对教师数字素养进行培训与评价。教师数字素养，即教师适当利用数字技术获取、加工、使用、管理和评价数字信息和资源，发现、分析和解决教育数字问题，优化、创新和变革教育教学活动所具有的意识、能力和责任。《教师数字素养》标准包括五个一级维度，即数字化意识、数字技术知识与技能、数字化应用、数字社会责任、专业发展。每个一级维度下，又包含若干二级维度、三级维度和具体描述。

第三节　依据国务院、教育部文件分析本科层次职业院校教师的专业能力要素

通过分析、研究近几年来教育部文件中的相关条款规定，可以看出，作为本科层次职业院校教师的专业能力要素包括：

（1）师德师风

贯彻"三个牢固树立""三个传播""三个塑造""四有好老师""四个引路人""四个相统一""六个下功夫"等师德建设标准和要求。

（2）专业认知能力

与所任教专业相关的专业理论。

（3）专业技术技能

与所任教专业相关的专业技术技能。

（4）人才培养方案制（修）订

积极参与、全面参与人才培养方案制（修）订，推进专业建设与产业需求对接。

(5) 课程标准开发

积极参与课程标准开发，推进课程内容与职业标准对接。

(6) 教学设计实施能力

创新模块化教学模式，打破学科教学的传统模式，探索"行动导向"教学、项目式教学、情景式教学、工作过程导向教学等新教法，推进教学过程与生产过程对接。积极开展课程思政工作，实现思想政治教育与技术技能培养融合统一。

(7) 教学资源开发能力

项目化教材、活页式教材改革有成效；教学资源库建设有成效。

(8) 学习管理能力

运用信息手段，有效进行教学过程监测、学情分析、学业水平诊断和学习资源供给。

(9) 教研能力

积极参与教学改革课题研究，并将改革成果引入人才培养。

(10) 科技攻关与技术技能累积能力

与行业企业共同开展科技攻关，并将改革成果引入人才培养。

(11) 社会服务能力

为企业开展人员培训、技术咨询等服务项目。

(12) 服务学生能力

咨询服务能满足人才培养的要求，学生基本满意。

(13) 团队协作能力

提升完善校企、校际、校内团队协作能力。

(14) 资源整合能力

具备整合校企、校际、校内等资源的能力。

(15) 信息技术应用能力

推动人工智能、大数据、虚拟现实等新技术在教育教学中的应用，有效开展教学过程监测、学情分析、学业水平诊断和学习资源供给，推进信息技术与教育教学融合创新。

(16) 国际交流能力

推动国际交流与合作成效显著。

(17) 职业发展能力

积极参与学校教师发展中心组织的培训和其他工作，对个人从事职业教育事业有系统性规划和措施，不断提升自身职业能力水平和人才培养业绩。

第六章　从其他视角看本科层次职业院校教师专业能力

第一节　本科层次职业院校教师能力要求的国别研究

职业教育层次提升是发达国家满足本国经济社会发展对高层次技术技能人才需求的普遍做法。20世纪中后期，世界上主要的工业化国家和地区纷纷建立以本科层次为主的应用型人才培养体系。在日本，五年制工科类高等专门学校内设有专攻科，负责实施本科层次专业教育，还有独立设置的（面向制造业）技术科学大学及（面向服务业）专门的职业大学。具有双轨制传统的欧洲国家，如德国的双元制应用科技大学（如德国巴登符腾堡双元制应用技术大学）、英国的多科技术院校（如伯明翰科技大学），实施与普通本科相并列的应用型高等教育。还有一些国家教育体系中虽然没有专门的职业本科教育实体，但存在着专业形式的职业本科教育，如法国的大学技术学院也实施职业本科教育，其大学的职业本科教育称为"本科层次的技术教育"，颁发的是大学技术文凭；美国职业本科教育存在于大学中，如普渡大学，设有工程学院与技术学院。他山之石，可以攻玉，分析这些大学对教师能力的要求，对建立世界水平的中国特色本科层次职业院校教师标准，具有重要意义。

一、日本专门职业大学专任教师能力要求[1]

（一）背景

在第四次工业革命的影响下，日本社会的就业结构呈现急遽变化态势，据日本经济产业省的调查显示，至2030年，信息服务、医护等服务业部门将增加197万个就业岗位，而传统制造业的就业岗位将减少297万个。就业结构的变化促使日本社会逐渐由终身雇佣制转向流动雇佣制，而依托终身雇佣制建立的企业

---

[1] 王文利，苏月. 日本本科层次职业教育的制度建构与人才培养实践——基于14所专门职业大学的考察[J]. 中国高教研究，2022（7）：62-68.

内教育训练的规模不断萎缩，由于企业内教育训练注重强化专业技能实践应用，其规模不断萎缩，因此产业界要求高等教育机构转变人才培养模式的诉求日益迫切。

2014年，日本教育振兴执行会议认为各类高等教育机构在开展高水准实践性职业教育上存在不同的局限性。大学主要承载着学术研究的职责，缺乏开展高水准实践性职业教育的体制架构；短期大学因修学年限较短，难以达成职业人才实践能力跃升的目标；高等专门学校则因实施初中毕业生五年一贯制教育而难以开展高水准实践性职业教育。因而，日本政府将创设开展高水准实践性职业教育的高等教育机构纳入高等教育整体改革规划。

2017年，文部科学省颁布《专门职业大学设置基准》。以开展高水准实践性职业教育为宗旨，通过对专门职业大学办学特色、教师类型、入学对象、修学年限、学位授予等内容的规划设计，凸显其在高等教育类型上的独特性以及职业教育体系内高水准的双重内涵。

在教师类型方面，在确保研究型教师占主导地位的基础上，需要配备在相关职业领域具备五年以上实际工作经验，拥有丰富实践能力的实务型教师，该教师群体占教师总数的比例不低于40%；在课程学习方面，专门职业大学与一般大学的学生在毕业时均需修满124学分，且专门职业大学学生实践类课程学分最少应修满40学分；在入学对象和修学年限方面，以多样化、灵活化原则明确入学对象和修学年限，专门职业大学广泛接纳职业高中和普通高中毕业生、在职人士入学，同时将四年修学年限划分为前期和后期课程，完成前期课程的学生可以选择继续就读或以学校授予的短期大学学士（专门职业）学位提前就业，其工作经验和业绩在经过认定后可以转化为后期课程所需的部分学分；在国际化方面，文部科学省在学位授予制度上要求各专门职业大学在授予毕业生大学学士（专门职业）学位时应符合国际通用标准。

专门职业大学的制度设计意味着大学与产业界合作育才新范式的形成。产业界深度参与专门职业大学的专业设置、课程编制和师资队伍建设，特别是专门职业大学要接受产业界参与的特定职业领域评价，充分彰显产业界在专门职业大学发展过程中的重要性。在文部科学省的制度框架下，各专门职业大学就独具实践特质的人才培养模式开展多样化的探索实践。

（二）专任教师能力要求

师资队伍的构成是保证专门职业大学高层次水准和实践性特色的关键要素。文部科学省在制度设计阶段即明确专门职业大学师资队伍水平原则上与大学保持一致。专门职业大学在招聘各类型、各层次教师时分别制定严格标准，如聘任具有教授职称的教师应当保证其满足以下六项条件中的一项：①拥有博士学位并取得高水平的研究成果；②没有博士学位但取得与博士学位获得者同等水平的研究成果；③拥有专业硕士学位且取得卓越的研究成果；④具有在大学担任教授、副教授的经历；⑤在某一专业领域被认定为具有卓越实用技能；⑥在某一职业领域被认定为具备极其丰富的专业知识和卓越的实践经验。

专门职业大学将专职教师分为实务型教师和研究型教师两类，以确保教师队伍构造具备实践性和研究性的双重特色。实务型教师在专职教师中的比例设定在40%以上，且实务型教师群体中应有50%以上具备研究能力。各专门职业大学在文部科学省对师资构造的限定范围内，根据办学实际自行灵活调整师资队伍结构。从目前已经公布的9所专门职业大学的师资队伍构成来看（如表6-1所示）最具代表性的信息管理创新专门职业大学，实务型教师占专职教师比率达78%，同时该大学实务型教师中50%为具备研究能力的研究实务型教师，他们或曾在大学担任教员，或在研究所担任高级研究员，或取得高水平的研究成果。

表6-1 日本9所专门职业大学教师队伍构成一览表

专门职业大学名称	专职教师数量/名	实务型教师占比（含研究实务型教师）/%	专职教师人员分类		
			研究型教师占比/%	实务型教师占比/%	研究实务型教师占比/%
国际时尚专门职业大学	52	50	50	37	13
信息管理创新专门职业大学	28	78	22	39	39
东京国际工科专门职业大学	36	61	39	22	39
东京保健医疗专门职业大学	54	57	43	30	27
开志专门职业大学	18	50	50	11	39
静冈县立农林环境专门职业大学	24	38	62	13	25
琵琶湖康复治疗专门职业大学	39	44	56	23	21
冈山医疗专门职业大学	28	68	32	46	22
高知康复治疗专门职业大学	36	33	67	14	19

二、德国应用技术类大学教师能力要求

（一）背景

德国应用技术类大学创建以来，一直致力于培养具有各种专门职业技术的高级应用型、工程师类职业的实践工作者，现已成为德国工程师的摇篮。德国应用技术类大学主要培养工程应用型和技术应用型人才，分为学士和硕士；课程教学体系是技术应用能力本位模式，强调理论联系实践和产学研结合培养，采取完全学分制；德国应用技术类大学实践教学强调实习和项目制作环节的综合性实训，有60%~70%的应用科技类大学学生在实习企业中完成自己的毕业设计或毕业论文，选题是该企业中一个具体问题的解决方案，具有较强的实践性和应用性。德国应用类技术大学将教学、科研和社会服务系统考虑、整体筹划，突出理论与实践及产学研的有机结合，教学条件的各个要素如师资、学生、设备、项

目、环境等均有很好的保障，很适合应用型人才培养。

（二）德国应用技术类大学教师能力要求

德国应用技术类大学的师资主要由教授、教学专业人员和兼职教师组成。德国应用技术类大学的师资结构适应了对产教结合的要求，教师的准入门槛很高，对教师的实际工作经验和实践能力的要求和考核十分严格。在应用技术类大学，教授的标准如下：一是取得博士学位；二是通过第二次国家教师资格考试，取得教师资格，并在有关应用或科技开发方面取得特殊成就；三是具备至少五年的职业实践经历，且有三年以上在高等学校范围外进行；四是具备专业能力、方法能力和社会能力，在实践教学方面能够理论联系实际，传授知识、指导实践，担负起培养人才的责任，并推动企业技术创新。[1]

下面以卡尔斯鲁厄应用技术大学为例进行说明。卡尔斯鲁厄应用技术大学建立于1878年，是德国最为优秀的国立应用技术大学之一，同时也是德国最有代表性的应用科技大学，位于德国经济最为发达的巴登-符腾堡州。如今，该校已发展成为一所以工科类以及经济工程为主要特色的专业性高等院校，学校毕业生的就业率与就业质量位于德国高校前列。卡尔斯鲁厄应用技术大学聘用了160名专职教授，17名名誉教授，452名高级教师，除教授和专职教师负责教学工作外，在专业教学中还大量聘用兼职教师和课时教师，这两类教师占比60%，主要是来自产业部门有实践经验的人员，保证了学校与产业部门之间的有效沟通渠道，使教学工作能密切结合产业的最新信息。这部分教师在承担教育教学任务方面能理论联系实际，传授知识，指导实践，保证较高的教学水平。另外，他们也能为企业解决实际问题，是企业产品开发和技术创新的重要力量。[2]

（三）德国双元制中企业培训师能力要求

德国企业中的大师位于德国国家资格框架和欧洲国家资格框架职业等级中的第6级，相当于本科毕业生的学士学位，承担企业培训师的责任。德国法律要求，每家企业必须拥有至少一位大师，这些大师在企业中发挥着重要作用。首先，在德国有大量的制造类企业和指导服务类企业，企业中的大师须保证无论哪家企业生产的产品均按照德国工业标准DIN来严格执行，从而保证德国制造标准的一致性；其次，源源不断的高级技师是德国企业不断发展的秘诀，企业中的大师除了保证工业标准，还需要保证高级人才的延续性，所以也承担了企业培训师的责任；最后，德国大师需要掌握行业的专业知识、企业经济学、商业及法学

---

[1] 张兆诚,曹晔.应用技术型高校"双师型"教师标准：现状、问题与对策[J].职教论坛.2020,36（9）：78-84.
[2] 张海宁.德国应用技术大学办学对我国本科职业教育发展的启示——以德国卡尔斯鲁厄应用技术大学为例[J].中国职业技术教育.2020（3）：49-53.

知识以及足够的职业教育学、劳动教育学知识,还要具备独立完成工作任务的能力,包括工作任务的技术、实施、检查反馈以及教育教学能力。

三、美国应用型高校专任教师能力要求——以威廉姆斯学院为例[①]

(一)背景

美国威廉姆斯学院是一所以本科教育为主,包含人文科学、社会科学、数学、艺术与经济学等学科的四年制本科院校,在 2020 年美国大学排名中,处于美国文理学院排名第一的位置。威廉姆斯学院教师的评价制度设计体现了评价工具的适合性,既体现了教师评价的有效性,又易于操作,具有教师评价的便捷性。

"把教师看作是自己专业发展的负责人,鼓励教师积极参与专业实践",是威廉姆斯学院教师专业发展工作一直以来秉承的原则。《威廉姆斯学院教师手册》中的"教师政策"部分明确指出:教师评价与教师专业发展是紧密相关的,教师评价主要是为了帮助教师了解自身优劣及原因所在,促进教师专业成长,提高学校效能。

威廉姆斯学院的教师评价系统主要包括两种类型,即常规工作评价和晋升评价。常规工作评价主要由系主任依据教师的工作开展情况提出对未来工作的建议;晋升评价由系主任、学院院长、教师评价委员会等共同作出,用以决定教师的解聘、晋升、续聘等问题。两类评价的目的和功能是不同的,但都体现了教师评价的便捷性和有效性,教师评价系统建构的目的在于以适合的评价手段提高教师效能。

(二)教师能力评价标准

1. 教师职级分类系统

威廉姆斯学院董事会根据州政府和联邦法律的规定,对教师评价的各个事项作出规定。威廉姆斯学院的教师职称分为两个系列:一是院系专业的教师职称;二是非专业性的教师职称。院系专业的教师职称分为助理教授、副教授和教授。非专业性的教师职称包括教员、讲师、高级讲师、研究员。

由于该校体育学院运动队在国家大学体育协会第三组中独占鳌头,且常年在美国大学体育比赛中表现杰出,如学院男女游泳队在全国名列前茅,男子网球队、篮球队和田径队每年均可在联赛中夺冠,等等。鉴于此,威廉姆斯学院为体育学院的教师职称单独设定了适合的等级及评价标准,最大程度地保护了体育学院教师工作的积极性和有效性。这一独立设置的评价标准对于如何针对

---

① 宫珂,程晋宽.如何构建适合应用型高校的教师评价制度——以美国威廉姆斯学院教师评价制度为个案[J].外国教育研究,2021,48(6):3-20.

特殊门类的教师进行适合的评价具有借鉴价值。

2. 教师评价标准

威廉姆斯学院明文规定：教学是这所四年制本科高校的首要任务，教师的首要职责就是教学。教学工作与教师薪酬、待遇、晋升等关系最为紧密。当然，所有教师均需要完成教学、科研和社会服务三方面的工作任务，才可获得晋升资格。威廉姆斯学院教师职称要达到重新任命或晋升的标准有以下三条：①教师要拥有对本科生进行有效教学的兴趣与能力，并有望持续提高；②教师要具备在适当领域为人文或科研做出贡献的能力及其与自由的学术关系的理解能力；③要对大学社区做出贡献，包括学生咨询、委员会服务等。

3. 教学评价标准

威廉姆斯学院也把教学作为教师评价的重要标准。完成规定的教学工作量、精心备课、组织有效的教学、充分的师生交流等是威廉姆斯学院优秀教师的教学标准。威廉姆斯学院对教学评价的覆盖面较大，既有定量的要求，又有定性的测量，几乎涵盖了与教学相关的所有工作。教学评价标准的核心是确定教师的教学工作量标准。《威廉姆斯学院教师手册》对教师的教学职责进行了明确而详细的规定：除每隔一年教授一次冬季课程外，所有教师每年应完成四门课程的教学任务。每位教师每学期至少应教授一门课程，且在一个学期内不得教授三门以上的课程。各院系可根据教师个人教学任务承担情况对教学工作量酌情增减。若教师担任行政职责、独立研究、实验室工作、音乐表演及相关监督工作等，可依据相关规定折算成教学工作量（如表6-2所示）。

表6-2 威廉姆斯学院可折抵本科教学工作量的工作职位明细表

1	院长或教务长
2	任命与晋升委员会成员
3	学院面试小组成员
4	本科教学评价分值为12.0或更高的部门的主席
5	有超过两名助理教授的专业负责人或系主任
6	担任两年跨学科专业负责人
7	教育事务委员会、优先事项与资源委员会、教师指导委员会、冬季学习委员会或科学执行委员会主席
8	环境研究中心、发展经济学中心或奥克利（Oakley）人文社会科学中心主任
9	凯南（Kenan）教授或高迪诺（Gaudino）学者
10	特定技术服务公司经理
11	表演活动的导演
12	由奥克利人文社会科学中心主办的特殊教师研讨会的负责人
13	在艺术或发展经济学研究生课程中教授研究生课程的教职员工

教学准备、教学辅助等与教学密切相关的工作则是教师教学评价的重要参考。制定、撰写和提交课程大纲，新课程的设计，原有课程的修订和完善，教学

方法的更新和改进，为学生（尤其是一年级学生）的课程学习提供建议等围绕课程发展的工作是威廉姆斯学院教师的基本职责。学生的成绩报告也是教师的主要职责之一，如课程期末考试、自学考试、实践考试或口语测试等考试结束后，教师应在四天内将所有学生的成绩上报学院副院长。

4. 科研评价标准

威廉姆斯学院科研评价的标准注重实际的表现，规划与设计艺术活动、从事艺术表演活动、设计及开展研究项目、出版学术作品等学术性工作都会得到任命与晋升委员会的认可。根据不同的学科背景，教师的科研工作主要包括以下方面：研究活动、艺术创造力、学术或创造性出版物、未完成的学术作品、授权书、公开演讲、会议发言、表演和展览、稿件和补助金的外部审查、策展工作、吸纳学生参与项目研究、咨询、学术奖项和奖励以及为专业协会提供服务等。各院系也可对教师职称的终身任职提出各自的期望与要求。

威廉姆斯学院科研评价的标准还强调教师的学术成果质量和教师在学术探索、创新方面做出的持续性贡献。威廉姆斯学院明确规定：一方面，教师在科研方面付出的学术努力和学术生产力的质量通常要比学术作品的数量重要得多；另一方面，院系、专业和CAP（国际注册反舞弊师）还会将教师在学术方面持续做出的努力和学术成就的证据作为决定教师任命和任期的重要依据。同时，作品的质量和原创性、教师在学术上的贡献、教师开展独立研究和创新研究的主动性及教师研究成果的引用率等都会成为科研评价的重要参考证据。

5. 社会服务评价标准

在社会服务评价标准方面，威廉姆斯学院更看重教师在学校和学院系科建设与发展中的服务性职能的发挥。《威廉姆斯学院教师手册》规定，教师除履行教学和科研职责外，促进大学所在社区的治理和教师所在学院事务的治理也是教师的重要使命。就教师社会服务的评价标准来看，主要体现在高校内部的社会性工作的服务上，主要包括为系科和学院两个层面提供的社会性工作服务。在系科层面提供的社会性服务主要包括以下方面：是否参与系级规划制订、项目评估；是否参与课程招募、新课程开发等工作；是否在系级各委员会任职或在管理层发挥领导作用；是否参与系级会议；是否为专业、选修课做出贡献；是否为专业学生或非专业学生提供咨询；是否参与新教师面试、筛选、录用和评估；是否撰写满足系科需要的授权书。

在学院层面提供的社会性服务主要包括以下方面：是否在教师委员会或校务委员会任职；是否代表学院参加校友会；是否担任学术团体或学生团体的"第一学年顾问"、咨询师或导师；是否能为学生提供课程相关的建议；是否参与大学委员会、学校论坛、跨学科专业咨询委员会的活动；是否为学术咨询做出贡献。

为了更好地体现教师服务评价的有效性和针对性，威廉姆斯学院不鼓励非终身任职教师从事社会服务工作。《威廉姆斯学院教师手册》提出，尽管大学与社区服务需要依靠教师参与，但已承担合理教学和科研工作量的非终身任职教师应拒绝额外服务的要求，避免因参加服务工作而影响其教学和学术活动。同时，非终身任职教师在工作第一年可免除承担实质性社会服务职责。终身任职教师在院系、专业及学院范围的委员会中需承担合理的工作责任，轮流到社会性服务要求特别苛刻的部门任职，以及轮流承担繁重的课程与学院职责。

四、英国高等院校教师教学能力标准

（一）背景

20世纪六七十年代，英国高等教育入学率出现了快速增长，高校的入学率从1962年的4%上升到了1980年的19.1%。英国高等教育在进入大众化发展阶段后，教学质量的问题日益凸显，由此引发了高校、专业组织及政府对教学质量的关注。在这种背景下，教师的教学能力作为教学质量的关键因素，自然成为保证和提升质量的突破口之一。早在20世纪70年代末，处于最基层的高校最先开始了行动，建立了教学中心，帮助教师设计课程、改进教学方法，学会应用一些辅助性技术。进入20世纪80年代后，专业组织开始介入。1989年，大学校长和副校长委员会成立了大学和学院教师发展协会，这是第一个为提高和支持高等教育所有教师的专业性而专门设置的职业训练中心机构。随后，政府也开始关注教师教学能力发展。1997年出台的《迪尔英报告》建议成立教师专业学会"高等教育教与学研究会"，构建高校教学的标准并提供培训，要求所有新教师在试用期必须通过其培训，获得非正式会员资格。在政府的推动下，2000年，"高等教育教与学研究会"建立。这是英国第一个在政府倡导下建立的提高高等教育教师教学能力的全国性机构。2003年，英国政府出台的白皮书：《高等教育的未来》指出，要促进高等教育高质量发展，教师的教学能力尤为重要。白皮书提出建立一个全国性的机构，制定教师教学职业标准，还要求高校对教师进行教学能力培训，特别是2006年以后新入职的教师必须参加经过认证的培训。2003年，"高等教育教与学研究会"与其他两个机构合并，成立了HEA（高等教育学院）。HEA成立后，为改进教师的教学观念，提升教学技能，保障教学质量，提高高等教育学地位做出了重要贡献。截至2016年，已有151所高校的教师教学能力培训项目通过其认证，7.8万人达到了其制定的《英国高等教育教师教学及帮助学生学习的职业标准框架》（以下简称《标准框架》）的要求，成为其会员。HEA的影响甚至超越国界，将各种培训项目服务发展到了欧洲、亚洲、大洋洲的多个国家。

(二)《标准框架》的主要内容

2006 年，HEA 按照政府的要求制定了《标准框架》，并于 2011 年进行了修订。修订后的《标准框架》主要包括以下两部分内容。

1. 高校教师教学知识、能力结构

这一结构包括教学活动、核心知识及职业价值观三部分，共 15 个指标。教学活动实际是指教师组织五种教学活动的能力，这五种活动（5 个指标）包括：设计和规划学习活动；教授及帮助学生学习；评价及给学生反馈；开发有效的学习环境及方法；持续进行学科及其教学法方面的职业发展，整合教学研究、知识及实践。核心知识包括六方面（6 个指标）：学科材料；在学科领域及专业层面教授、学习及评价的方法；学生一般学习方法及学科领域的学习方法；教育技术的价值和运用；评价教学效果的方法；教学质量保证和提升机制的影响。职业价值观包括四方面（4 个指标）：尊重每个学习者及多样化学习群体；促进高等教育中学习者参与及机会的均等；运用基于证据的方法，利用研究、知识及持续职业发展方面的成果；认识高等教育所处的大环境及职业实践的未来影响。

2. 会员级别划分

HEA 将其会员划分为四个级别：①准会员，主要是针对那些刚走上教学岗位、没有教学经验的教师；②一般会员，针对的是在事业发展早期，已经能够进行有效教学并积累一些经验的教师或专门从事教学的教师；③高级会员，针对的是从教多年、经验丰富，可以为青年教师提供教学指导，在院系从事教学组织、管理和领导工作的教师；④首席会员，针对的是教学造诣较深、负责学校教学政策制定及战略领导，在全国层面对教学有一定影响的资深教师。[①] 会员划分标准如下。

HEA 准会员标准：

展示对有效教学、学习支持方法和学生学习的具体方面的理解。个人应该能够提供以下证据。

成功参与五个活动领域中的至少两个，成功参与与这些活动领域相关的适当的教学和实践，适当的核心知识和对学科材料和在学科领域及专业层面教授、学习及评价的方法的理解，促进别人学习的专业价值观，相关专业实践、学科和教学研究和/或上述活动中的奖学金，在适当的情况下成功参与教学、学习和评估等专业发展活动。

能够提供与其专业角色相关的有效性证据，通常包括部分教学和/或学习支持责任。这种教学和学习角色有时可以在更有经验的教师或导师的协助下进行。通常，可能处于上述标准的包括：具有一些教学职责的早期职业研究人员（如博

---

① 熊耕. 英国高校教师教学能力发展体制分析及启示 [J]. 外国教育研究，2018，45（9）：57-69.

士生、GTA、合同研究人员／博士后研究人员等）；刚接触教学的员工（包括兼职学术人员）；支持学术提供的工作人员（如学习技术人员、学习开发人员和学习资源／图书馆工作人员）；承担演示／技术人员角色的工作人员，其中包括一些与教学相关的职责；相关专业领域经验丰富的员工，他们可能是教学和／或支持学习的新手，或者教学组合有限。

　　HEA 会员标准：

　　展示对教学和学习支持的有效方法的广泛理解，这是对高质量学生学习的关键贡献。个人应该能够提供以下证据。

　　成功参与五个活动；适当的知识，理解核心知识的各个方面；对所有专业价值观的承诺；成功参与与活动领域相关的教学活动；作为学术实践综合方法的一部分，成功整合学科和教学研究和／或上述活动中的学术；成功参与与教学、学习、评估以及相关专业实践相关的持续专业发展。

　　个人能够提供在更实质性的教学和支持学习角色中的工作的广泛有效性证据。这些人很可能是一个或多个学术和／或学术相关团队的成员。通常，可能处于上述标准的人包括：早期职业学者；承担实质性的教学责任的学术相关和／或支持人员；经验丰富的学者，但对英国高等教育经验相对较少；仅承担（有时很重要）教学职责的员工。

　　HEA 高级会员标准：

　　展示了对教学和学习支持的有效方法的透彻理解，这是对高质量学生学习的关键贡献。个人应该能够提供以下证据。

　　成功参与五个活动；关于核心知识各方面的适当的知识和理解；对所有专业价值的承诺；成功参与与活动领域相关的适当的教学实践；作为学术实践综合方法的一部分，成功整合学科和教学研究和／或上述活动中的学术；成功参与与教学、学习、评估、奖学金以及（如适用）相关的学术或专业实践有关的持续专业发展；在教学关系中成功的协调、支持、监督、管理和／或指导他人（无论是个人和／或团队）。

　　个人能够提供与教学和学习有关的持续有效性记录的证据，包括教学和学习提供的特定方面的组织、领导和／或管理。这些人很可能领导或成为已建立的学术团队的成员。通常，可能处于上述标准的人包括：经验丰富的员工能够通过例如领导、管理或组织的责任来展示、影响课程、科目和／或学科领域；经验丰富的学科导师和工作人员，他们支持那些新手教学；在机构内承担部门和／或更广泛的教学和学习支持咨询职责的经验丰富的员工。

　　HEA 首席会员标准：

　　展示了在学术实践和学术发展方面的有效战略领导力的持续记录，这是对高质量学生学习的关键贡献。个人应该能够提供以下证据：

通过与学生和教职员工的合作以及机构发展，积极致力于并支持框架的所有方面；成功的战略领导，以提高学生的学习，与一个特定的但不一定是排他性的，专注于增强机构和／或（国际）国家环境中的教学质量；建立有效的组织政策和／或战略支持和为他人（如通过指导、辅导）提供高质量的教学和学习支持；在机构和／或更广泛的环境中倡导综合学术实践方法（如教学、学习、研究、学术、管理等）；对与学术、机构和／或其他专业实践相关的持续专业发展的参与。

作为更广泛的学术实践承诺的一部分，作为经验丰富的学者，个人能够提供证据证明在与教学和学习相关的水平的战略上持续有效的影响记录。这可能在他们的机构内或更广泛的（国际）国家环境中。通常，可能处于上述标准的人包括：在与教学和支持学习的关键方面，负有学术相关的战略领导职责，具有广泛学术领域的经验丰富和／或高级员工；负责教学和学习领域的机构战略领导和政策制定的工作人员；对超出本机构的教学和学习具有战略影响的员工。

五、对日本、德国、美国、英国相关高校教师能力要求的思考

（一）教师专业能力标准要体现类型和层次要求

目前，我国本科层次职业教育面临的最大短板是师资水平，各试点院校深受教师理论教学能力偏弱、技术指导能力欠佳、研究能力不足等现实困境的制约。2019年教育部等四部门指出建设高素质"双师型"教师队伍是加快推进职业教育现代化的基础性工作，对于处在发展初期的试点院校而言，急需建设一支科研应用能力、技术指导能力、理论教学能力突出的教师团队。日本专门职业大学从聘用标准、来源渠道、师资类型比例等方面对师资队伍进行规划建设，在实践探索中初步形成实务型教师与研究型教师有序分工、通力合作的师资团队，发挥着确保专门职业大学实践性特质和人才培养高水准的重要作用。德国联邦政府与各地州政府从教师准入、教师聘用、教师培训、兼职教师聘用，以及教师评价等方面进行了系统制度设计，并且要求大部分的专业师资都是行业内的专家，了解专业领域最新发展现状与态势，从根本上为德国应用技术类大学的发展提供了强有力的保障。日、德两国在职教师资队伍上的做法值得借鉴学习。

（二）教师专业能力标准要适当、适合、适切

美国应用型高校注重从高校定位、教师发展、学生发展等方面设计教师评价系统，高校为学生发展服务已经内化为教师主动变革的实际行动。我国高校教师评价制度的指标设计并没有在学校定位、教师发展及学生发展等方面得到充分的体现，没有做到教师评价的适当、适合、适切，没有达到教师评价的有效、便

捷、公正。鉴于此，我国本科层次职业院校在构建适合的教师评价制度方面，就需要紧紧围绕服务区域的高层次技术技能人才培养的重要职能，将教学评价和高层次技术技能型人才培养的质量放在突出地位，将促进教师发展作为适合的教师评价系统的判断标准，将学生发展作为教师评价的首要关切点。

（三）为不同发展阶段的教师提供专业能力标准及培训

英国政府抓住了教师教学能力发展的要害——教学职业标准，以统一的《标准框架》来统领整个高校教师的教学能力发展，从培训项目的内容设计、实施、教师受训结果评定到质量认证无不围绕其来进行。《标准框架》是教师教学能力发展实践的核心纲领和根本依据。统一的标准由于影响范围广，更需要具有科学性和可操作性。《标准框架》的科学性主要体现在以下三方面：①框架的结构有纵横两个走向。横向是教学知识、能力和价值观结构，纵向是不同教学发展阶段的划分，内容十分全面，涵盖了教学的理论、实践及道德三个维度，完整地构建了高校教师教学知识能力结构。②框架融入了当代教学的先进理念，比如强调对学生不同学习方式的尊重，并为学生提供同等的学习机会，重视通过教学方法及学习环境的设计来帮助和引导学生学习，倡导教学要基于相关研究的证据，重视对学生学习行为的及时评价和反馈等。这些都反映了当代学习理论的最新成果。③将教师的教学能力发展视为一个持续发展提升的动态过程，需要教师的长期努力和付出。除了科学性，该框架也非常易于实践层面的操作，主要表现在两方面：①指标具体明确，对教学活动、核心知识及职业价值观的每一方面都进行了细致、准确的划分，共列出 15 个指标，为培训项目的目标制定、内容设计和结果评价都提供了精准的依据。②对教师教学能力发展划分了阶段，对每一阶段应达到的水平都按照具体的指标进行了描述，这使得培训和评价操作起来都相对比较容易。这种教师能力标准的制定和呈现方式值得学习。

第二节　国内外学者相关研究

长期以来，国内外学者围绕教师能力评价指标体系、教师能力单项要素、教师能力发展阶段进行了大量的研究，对构建本科层次职业院校教师能力标准具有重要的借鉴意义。

一、能力标准研究

(一)教师能力评价指标体系研究

朱伟文、宫新荷研究后报告,其所在本课题组于2019年通过问卷调查软件对北京、上海、山西、江苏等省市的高校工程教育教师、管理人员等进行了在线随机抽样问卷调查。共设计14道题,包括6道单选题、7道多选题和1道开放题。共获得问卷131份,均为有效问卷。调查中,教师约占87.02%,管理人员约占6.87%,教辅等其他人员约占6.11%。调查对象的学科专业领域以工科为主,约占89.31%,理科约占3.82%,文科约占6.11%,其他学科专业约占0.76%。调查对象的专业技术职务中正高级约占16.79%,副高约占35.88%,中级约占39.69%,初级及其他约占7.64%。被调查者认为,专业能力包括专业领域知识和技能、专业教学能力、专业领域科研能力、专业实践能力、终身学习能力、工程伦理、全球视野等内容。① 调查结果如图6-1所示。

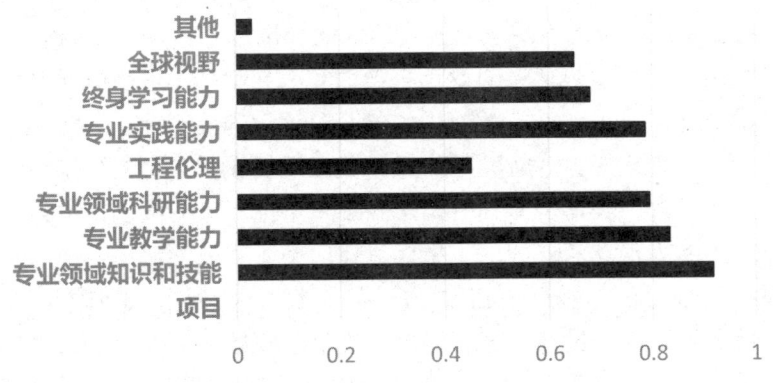

图6-1 高等工程教育教师专业能力的内涵

房亮、关志伟、蔡玉俊基于对本科层次职业教育教师专业能力概念和内涵剖析的基础上,采用关键事件访谈法、工作任务分析法、问卷调查法,构建了包括专业建设能力、教学能力、实践操作能力、课程开发能力、校企合作能力、终身学习能力、科研能力、团队协作能力、管理能力、实训基地建设能力等10个核心专业能力和专业建设能力、岗位变动实时捕捉能力、动态修订人才培养方案、拓展学生就业渠道;课程思政元素融入、教学设计能力、教学实施能力、教学评价与反思能力;定期到企业参加生产实践、指导学生专业实践活动、具备职业技能等级X证书或技能考评员资格、指导学生参加创新创业大赛;开发本科层次职业教育模块课程、构建本科层次职业教育课程体系、开发教学资源库、开发活

---

① 朱伟文,宫新荷.高等工程教育教师专业能力可持续发展的思考[J].高教发展与评估,2020,36(5):68-76;118.

页教材；与兄弟院校紧密联系、与龙头企业紧密联系、与行业协会紧密联系、建设产业学院；教师学历提升、学科专业知识提升、参加专业相关会议和培训、阅读专业文献、掌握职业教育发展的前沿信息；开展教育教学课题研究、开展应用型技术课题研究、论文发表/撰写、专利/软著撰写、开展技术服务、科研成果推广转化；结构化教学创新团队协作、课程思政教学团队协作、技能竞赛指导团队协作、精品课程建设团队协作；顶岗实习指导、学生社团指导、能处理学生突发事件；制订实训基地建设方案、运行校内实训基地、建设校外实训基地、配置实训基地资源、虚拟仿真实训基地建设等43个能力单元的本科层次职业教育教师专业能力模型。①

宫珂、程晋宽研究认为，②美国应用型高校并没有盲目追求世界一流大学的教师评价制度标准，而是将教学的优秀与卓越作为教师评价中的关键指标，将应用型人才培养视为学校的核心职能。首先，美国应用型高校能够基于应用型的学校定位设计适合的教师评价制度。例如，美国威廉姆斯学院教师评价系统就针对从事规划与设计艺术活动或艺术表演活动等方面的教师评价，开发了以艺术为学科特色的大学教师评价标准，教师评价充分考虑了教师的学科特点与学校特色。其次，美国应用型高校注重基于教师发展的需要设计适合的教师评价制度。以威廉姆斯学院的教师评价制度为例，实施教学评价而不涉及学术和社会服务评价，成为新任教师与其他教师的差异化评价标准，充分体现了学校对新任教师群体的适切关注，也将新教师有限的时间与精力最大化地返回给新教师，以教学评价促进新教师的有效教学。最后，基于学生发展的需要也是美国应用型高校"适合的教师评价制度设计"的重要价值取向。在教学评价上，注重对学生课程的调查、对学生个人意见的收集作为教学评价的重要内容；在科研评价上，突出科研的应用性评价，提倡教师吸纳学生参与项目研究；在社会服务评价上，拓展服务领域，重视教师为专业学生或非专业学生提供咨询等。

（二）职业道德研究

林健认为，敬业精神和职业道德体现着教师完成卓越工程师培养任务的意志、信念和行为准则，主要反映在四个方面：一是强烈的事业心和责任感，即积极投身于工程教育工作，将教书育人作为崇高事业，将完成好卓越工程师培养作为神圣使命。二是严谨求实的科学态度和精益求精的工作作风，即对待工程教育工作一丝不苟、尽职尽责、求真务实，将提高卓越工程师培养水平和质量作为自

---

① 房亮，关志伟，蔡玉俊.本科层次职业教育教师专业能力模型构建与验证[J].职业技术教育，2022，43（8）：52-59.
② 宫珂，程晋宽.如何构建适合应用型高校的教师评价制度——以美国威廉姆斯学院教师评价制度为个案[J].外国教育研究，2021，48（6）：3-20.

己永无止境的工作目标。三是勇于探索的治学精神和追求卓越的创新意识,即乐于奉献、不安于现状、善于批判性思考,关注经济社会的发展及适应其对工程教育的新要求,努力寻求教育教学思想和方式的转变和突破,积极开展人才培养模式的改革和创新。四是为人师表的言谈举止和言传身教的育人风范,即有健康的心理素质、高尚的人格品位、宽阔的心胸气量和坚定的理想信念,要成为学生道德品质修养的榜样、精神文明的典范和举手投足的楷模。①

（三）工程教育教学能力

林健认为,教师的工程教育教学能力主要体现在以下五个方面。一是具有先进的工程教育理念。要树立以学生为中心的教育思想,充分发挥学生的主观能动性,引导学生从继承性学习走向探究发现式学习；要树立以创新为核心的教育思想,把培养和提升学生的创新意识和创新能力作为卓越工程师培养的重要内容。二是具有良好的工程教育研究能力。要善于发现、研究和解决工程教育中出现的理论和实际问题；要善于分析比较、学习和借鉴国内外同类型高校在工程教育方面先进的教育思想、教学理念、教学手段和教学方式；能根据工程教育的发展趋势,预见性地提出工程教育的改革思路和具体措施。三是具有显著的工程教学学术水平。能将高深的工程原理、工程技术和工程科学理论,通过教学内容的组织、教学方法的选择和教学手段的采用,使学生不仅深刻理解和掌握知识,而且能够运用和创新知识；要善于采用各种研究性教学方法,通过问题、案例或项目将工程实际与理论学习密切结合起来,使学生在知识、能力和素质方面都得到提高。四是具有突出的工程实践教学能力。要能够通过各种验证性、设计性和综合性实验教学,提高学生的实际动手能力；能通过运用工程原理和工程技术发现、分析和解决工程实际问题,训练学生的工程实践能力；能通过组织学生参加并指导学生完成源于企业的工程项目的研究,培养学生的工程研究能力。五是具有娴熟的教学组织和管理能力。善于根据课程和教学内容以及学生的具体情况,采用有效的组织形式和管理手段开展教学活动,使学生在教与学的过程中取得理想的学习效果。②

（四）工程技术研究能力

林健认为,不同类型的卓越工程师培养对教师工程能力的最低要求应该分别是：培养现场卓越工程师要求教师具备扎实的工程设计开发能力,培养设计开发卓越工程师要求教师具备扎实的工程设计能力和超凡的工程技术创新能力,而培养研究型卓越工程师要求教师同时具备所有三项突出的工程能力。对不同层次教

---

① 林健.胜任卓越工程师培养的工科教师队伍建设[J].高等工程教育研究,2012(1):1-14.
② 林健.胜任卓越工程师培养的工科教师队伍建设[J].高等工程教育研究,2012(01).

师的最低要求应该分别是：讲师具备扎实的工程设计开发能力，副教授具备扎实的工程设计开发能力和超凡的工程技术创新能力，教授则具备所有三项工程能力。

（五）产教融合、校企合作能力研究

蔡玉俊、叶帅奇、赵文平等研究了本科层次职业院校毕业生的就业岗位，认为本科层次职业院校培养的是现场技术人员（技术工程师）。这类人才在工科技术人员中处于中下游位置，在工程师将研发人员的理念实现理论落地之后，技术工程师所担负的主要是实践落地的责任。对接本科层次职业院校人才培养目标，其教师在产教融合中应具备的能力就一目了然了。[①]

（六）信息化能力研究

张妮、黄柳萍、郭治豪研究认为，智慧教育时代下信息化教学能力主要是指教师在智慧教育环境下，以先进的教学理论为指导，以各种智能信息技术为支撑，在教学设计、资源建设、教学实施、教学评价等环节，充分、积极、灵活地采用智慧教学方式方法，有效开展教学活动，并通过反思创新，不断促进信息技术与教育教学深度融合，实现培养学生智慧能力的教育目标。智慧教育时代，教师的信息化教学能力主要涵盖了意识与态度、知识与技能、设计与建设、实施与评价、反思与创新五方面要素。借助霍尔等人的教师采纳变革的过程模型，日本学者野中郁次郎和竹内弘高于1995年共同提出的知识创生理论，构建了职业教育教师信息化教学能力螺旋式发展模型。张妮、黄柳萍、郭治豪研究认为，教师的信息化教学能力发展不是一蹴而就的，而是经历多个阶段，通过多种方式的学习、实践、反思等行为，呈现出螺旋式发展的态势，实现由低阶能力向高阶能力的挺进。[②]

联合国教科文组织高等教育创新中心与清华大学教育研究院联合发布了《高等教育教学数字化转型研究报告》，报告指出数字技术对教学能力内涵及构成要素的扩展体现在四个方面：数字技术融入教学的意识、素养、能力和研究。教学数字化转型是长期的过程，教师数字化教学能力的发展过程也是动态的、阶段性的，包括应用、深化、创新三个阶段。

从数字技术融入教学的意识方面看，同传统教学相比，数字时代教师要有意识地将数字技术融入教学，从而提高教学质量。在应用阶段，教师开始意识到数字技术在教学中的重要作用；在深化阶段，教师能够领悟和理解信息化教学的相关知识和方法，开始有创新教学的意识；在创新阶段，教师具有创新变革教育教

[①] 蔡玉俊，叶帅奇，赵文平.本科层次职业教育教师产教融合能力发展探析[J].教育理论与实践，2022，42（6）：23-27.
[②] 张妮，黄柳萍，郭治豪.智慧教育时代职业教育教师信息化教学能力发展途径研究[J].职业技术教育，2022，43（11）：28-33.

学模式的思路和方法，这种思路和方法指向了数字时代人们应用技术的能力，以及借助技术实现超越自身天赋的能力，即数字智慧。

从数字融入教学的素养方面看，教师所拥有的数字素养是给学生传授21世纪核心能力的先决条件，在此基础上还需要教师具备将数字技术融入教学的专业素养。在应用阶段，初步掌握常用数字技术工具的应用（如办公软件、网络教学平台、思维可视化工具、常用社交媒体软件等）；在深化阶段，教师基于智能终端，应用各种开放在线课程资源、社交媒体生成资源等开展专业学习，养成终身学习的习惯；在创新阶段，教师具备灵活应用各种数字化技术工具的能力。技术变得"不可见"，教师成为数字化工作与学习的典范。

从数字技术融入教学的能力方面看，在应用阶段，教师在数字化教学中能够掌握一种技术整合于课程的方式；在深化阶段，教师能够准确诊断教学中存在的问题，借助数字技术解决问题，据此持续改进教学；在创新阶段，教师在教学中能够灵活应用数字技术创新教学模式，培养学生高阶思维能力，以及探究、合作和自主建构知识的能力。

从数字技术融入教学的研究方面看，在应用阶段，教师能够在教学过程中基于标准化模式开展教学研究，据此诊断教学问题，改进教学；在深化阶段，教师能够根据课程特点和教学情况设计适合的教育实验方法，据此不断改进教学模式与方法；在创新阶段，教师能够通过研究教学规律，对教学进行深度反思，创新教学模式，并通过分享与交流引领其他教师共同发展。

（七）反思能力研究

吴卫东、骆伯巍在总结国内外有关教师反思能力研究的基础上，将教师分为新手型教师、适应型教师、成熟型教师、专业型教师四个层次，较全面地描述了不同层次教师职业反思能力结构。

新手型教师是指职业年龄在5年以内的教师。新手型教师对专业知识和教育学知识中的陈述性知识的把握是表面的、抽象的，缺乏具体实例的支撑。对解决"怎么办"的程序性知识的把握，即教学技能，往往停留在前结构水平上，无论是对教学技能的系统认知，还是对教学技能的有意识调用的水平都比较低。

适应型教师是指职业年龄在5～10年之间的教师群体中的大部分。在他们的知识结构中程序性知识已比较丰富，具体表现在他们已掌握基本的教学技能，并能熟练地在熟悉的教学环境中运用，但这种运用多为长期练习的结果，条件反射的成分较大。缺乏的是条件或背景性知识，也即在新的教学情景中综合各种教学要素与条件，更多关注于学生的个别差异，灵活运用各种教学策略的条件性知识不足。

成熟型教师是指职业年龄在10～20年之间的教师群体中的一部分，该群体已形成适合于自身个性特征的固定的教学方式,并在实践中积累了丰富的教学经验,对教材的处理有独到的见解,能关注学生的个别差异,有较好的教学效能感。与此同时,出现了教师专业成长过程中的"高原期"。在其知识结构中,大量的隐性的实践性知识没有被激活到意识层次,也就是个体特殊的教学经验没有上升为一般的理性认识,对其教学实践中蕴含的教学理念没有自觉意识。

专家型教师是指职业年龄在20年以上的教师群体中的小部分教师。这类教师不仅能对自身的教育经验、教学策略进行反思,而且能形成自身的教学风格。然而,专家型教师除了对个性化教育经验进行总结、提高,还需要对教育、教学活动的普遍规律进行理性的反思。[①]

(八)创新能力研究

应卫平的研究从知识存量、创新意识、创新思维、创新技能和创新成果5个维度着手,坚持定性与定量相结合的方式,构建由青年教师个人、教师团队、学生、专家和部门等全程参与的多维度、多层次的发展性综合评价指标体系。

对事教学改革、应用研究和社会服务等的知识储备,主要从基础知识、专业知识、创新知识和综合知识4个指标进行评价。其中,专业知识主要指青年教师对于目前所从事的专业行业和区域经济发展主导产业相关知识的掌握程度,运用相关专业知识和技能分析问题、解决问题的能力,专业最新前沿知识掌握情况;创新知识主要指青年教师关于创新理论、创新工具和创新方法等的学习掌握的情况;综合知识主要指青年教师对于专业和学科相关的知识掌握情况以及社会服务、文化传承、团队协作和人际交往等方面的基本技能情况。创新意识维度主要评估青年教师的好奇心、兴趣、想象力、价值取向、动机、心理、情感和意志等方面是否有利于从事应用研究和社会服务等创新,具体的评价指标包括创新动机、创新兴趣、创新情感和创新意志等。创新思维维度主要评估青年教师的思维方法、思维视角和思维习惯等是否有利于教学改革、应用研究和社会服务等方面的改革创新,主要的评价指标包括发散思维、逻辑思维、逆向思维和批判思维。创新技能维度主要评估应用型本科高校青年教师在教学、科研、文化传播、社会服务和项目实施、团队合作等方面的基本知识、基本方法和基本技能的掌握情况以及青年教师对于创新方法和创新工具的掌握情况,主要的评价指标包括学习能力、协作能力、实践能力和创新方法。创新成果维度主要评估青年教师在教学改革、应用研究、文化传播、社会服务和学生培养、团队合作等各方面的主要创新成果和创新业绩,可从一个侧面反映其创新工作潜能和发展前景,主要的评价指标包括教学成果、科研成果、团队成果和学生成果,具体包括纵向和横向课题、

---

① 吴卫东,骆伯巍.教师的反思能力结构及其培养研究[J].教育评论,2001(1):33-35.

公开发表论文、出版著作、申请和授权发明专利情况，指导青年教师和学生的成果，以及创新成果转化等的数量和质量情况。[①]

二、能力划分阶段研究

从目前的研究成果来看，大部分理论研究者在教师能力划分阶段的研究成果上还是基于布鲁姆分类法（从"记忆"和"理解"，到"应用"和"分析"，最后到"评价"和"创造"），力求保证教师能力划分的严密逻辑性，以定性划分为主。例如，有学者将教师信息化教学能力发展分为起步适应阶段、模仿迁移阶段、熟练融合阶段、研究创新阶段。起步适应阶段包含教师技术素养的提升，教师日常教学法中技术的融入，模仿应用成功案例与方法开展教活动，等等；模仿迁移阶段是指教师知识与能力发展的重点将转向对新理论、新方法、新模式的学习与掌握上，学科信息技术能力的学习掌握成为技术学习的主要内容，知识与技能的积累与内化，需要更加综合化的培训与长期的支撑保障；熟练阶段是指具备了支持教学活动需要的信息技术能力，形成了新思想，掌握了新技术，熟练驾驭新模式；创新阶段是指熟练驾驭信息技术，能将信息化环境下各种教学法融会贯通，能针对实际情况进行应用模式的研究，开展信息化环境下教学方法的创新研究。

庄西真认为，职业院校教师的专业发展主要围绕专业知识、专业技能和专业素养三个维度展开，并经历新手—熟练—精通—专家四个阶段。从新手到专家的专业化发展过程，本质上是基于时间维度的经验累积。受职教教师职业特征的影响，职教教师的经验累积不仅发生于个体层面，还存在于团队层面；不仅有对环境和对象的认识积累，还有自我反思的深化。职教教师的专业发展和经验积累将充分围绕知识、技能和素养三个维度进行，形成以时间为横轴、专业性为纵轴的四阶段模型。

新手阶段的教师主要是进入职业院校任教时间不足2年的新任教师，其专业发展的重心是"固基础"。熟练阶段的职教教师主要是那些工作年限在2～5年，围绕教育教学工作已经初步形成一定工作模式的教师。进入这一阶段的教师，已经通过模仿和训练，在课堂教学中形成了较为成熟的行动模式。教师的知识体系开始逐渐由学科体系向实践体系过渡，具备了面向技术技能人才培养需求、结合职校学生学习特点和教学环境而开展教学的意识和初步能力。但是，熟练并不代表已经进入角色，这一阶段的教师遇到的最大问题在于并未意识到自身职业的特殊使命和社会价值，且容易习惯于已经形成的工作模式中。因此，这一阶段教师专业发展的重心是"定角色"。

[①] 应卫平.应用型本科高校青年教师创新能力评价研究[J].职业技术教育，2018，39(15):40-43.

精通阶段的职教教师大多工作年限在 5～15 年且教龄在 8 年以上，这些教师已经围绕日常教学和教研工作形成了成熟且个性化的工作模式，且在专业发展的过程中已经取得了一些成绩。在教学方式和过程控制方面，精通阶段的教师相对于新手教师而言，已经形成了更有技巧的处理模式。然而，这一阶段的教师容易陷入职业倦怠，它源于个体过度地投入工作导致精力和社会资源过度耗尽，从而使工作水平和职业能力长期处于"高原区"，在实际工作中，很多教师职业生涯中的专业发展水平往往就止步于此。这种职业倦怠带来的负面影响，既有外在制度环境的制约，更有教师个体专业发展动机的因素。因此，这一阶段职教教师专业发展的重心是"促反思"，即让教师个体通过深度的自我反思，寻找专业发展由"高原"向"高峰"迈进的路径。

专家阶段的职教教师在岗工作年限在 15 年以上且教龄在 12 年以上，这些教师已初步具备专业带头人的资格和实力，在学校内逐渐成长为具有影响力的专家型名师，并在区域内具有一定知名度。其专业教学知识体系更为丰富和稳定，其教学风格外显出强烈的个性化特征。教师的教学技能和专业技能更为熟练，且能够和真实工作情境中的企业专家共享话语体系和开展深度的工作交流。教师对自身的职业角色有更独到的认知，职业认同感实现了质的飞跃。对此阶段教师而言，最主要的专业发展困境在于团队化发展，其发展重点应定位于"建团队"，即帮助专家型教师搭建梯队合理、优势互补和特色鲜明的教学团队，并培养其管理能力，有条件的可以向高级管理岗位发展。[①]

而从实践角度出发，院校更希望有定量指标便于操作。例如，莫韦花等认为，职业院校教师能力评价体系主要由维度和质控点构成。根据职业院校教师所应具备的能力和要求，可以将评价维度设为师德师风和政治修养、参与校企合作水平、教学教改能力及国际交流水平等四个维度。

维度一：师德师风和政治修养。质控点设为教师日常行为规范、课程思政等两个。教师日常行为规范质控点评价标准应参考《教育部关于建立健全高校师德建设长效机制的意见》《新时代高校教师职业行为十项准则》和《高等学校教师职业道德规范》等文件的要求进行评价。课程思政质控点评价标准应参考《高等学校课程思政建设指导纲要》，主要评价教师政治修养，重点考查教师学习习近平新时代中国特色社会主义理论的深度以及运用所学政治理论知识，在课堂中弘扬社会主义核心价值观和中华优秀传统文化的效果。师德师风和政治修养维度按优秀、良好、合格和不合格给出评价意见。

维度二：参与校企合作水平。质控点设为教师参与企业标准制定、教师主持

---

① 庄西真，职业院校教师的专业发展：内涵特征、阶段划分与实现路径 [J]. 中国高教研究，2022（4）：97-102.

（或参与）企业技术攻关或横向科研课题、教师参与校企联合人才培养工作等三个。教师参与企业标准制定质控点应从参与的数量和标准运用的广度进行评价，可进行分级评价。所谓标准运用广度指是否得到政府部门采纳作为行业标准（一档）、是否得到 5 家以上同规模企业采纳并使用（二档）、是否在本企业总部进行全面推广（三档）。教师主持（或参与）企业技术攻关或横向科研课题质控点从参与的数量和为企业生产带来的经济效益和社会效益进行评价。经济效益可从技术突破为企业带来的直接收益和间接收益评价；社会效益可从技术突破本身是否助推企业品牌增值进行评价，如是否因为形成了核心竞争力而促使企业成为产教融合型企业或是高新技术企业。教师参与校企联合人才培养工作质控点从教师参与校企合作人才订单班或参与现代学徒制人才培养项目的程度和成效进行评价，可分级评价。所谓程度评价是指教师在人才培养工作中属于负责人（或实施负责人）可记为一档，属于某门课程（或某项工作）的负责人可记为二档。成效评价是指学校培养人才得到合作企业认可（如获得企业授予证书或奖励等）。参与校企合作水平维度可按档次进行最终评价。

维度三：教学教改能力。质控点设为教师指导学生获得专业竞赛或技能竞赛成效、教师参与教师教学技能大赛成效、教师参与教育教学改革项目取得成效等三个。根据教师在不同质控点中所取得成绩的级别、等次，按分档或量化得分开展评价。为鼓励职业院校教师聚焦在技术技能和创新创业等方面，中国国际"互联网+"创业大赛及全国职业院校技能大赛等两个学生竞赛档次可较其他学生竞赛获奖档次或得分高一个级别。教学教改维度可按档次或量化得分进行最终评价。

维度四：国际交流水平。质控点设为教师参与国际标准（包括教学标准和技术标准等）的制定、教师为海外企业员工培训、教师为留学生授课等三个点。教师参与国际标准（包括教学标准和技术标准等）的制定质控点评价教师参与国际交流与合作的深度；教师为海外企业员工培训的质控点重点评价教师助力国内龙头企业"走出去"的力度；教师为留学生授课的质控点评价教师为提升职业院校海外影响力的程度。国际交流水平维度可按档次或量化得分进行最终评价。[1]

---

[1] 莫韦花，刘存香，戴晓云. 职业院校教师能力评价体系探析 [J]. 高教论坛，2021（4）：71-73；77.

第三节　从《中等职业教育专业师范生教师职业能力标准（试行）》看本科层次职业院校教师能力要求

一、《中等职业教育专业师范生教师职业能力标准（试行）》对本科层次职业院校教师能力的要求

2021年4月，教育部办公厅颁发《中等职业教育专业师范生教师职业能力标准（试行）》（以下简称《能力标准》），对新时代中职教师教育高质量发展具有重要的指导价值。

从总体上看，《能力标准》与《职业技术师范教育专业认证标准》中的"毕业要求"基本吻合，按照"一践行，三学会"（践行师德，学会教学、学会育人、学会发展）的基本框架设计，融入了中学教师资格考试标准、考试大纲以及《中等职业学校教师专业标准（试行）》相关要求，与《普通高等学校师范类专业认证实施办法（暂行）》，以及《教育类研究生和公费师范生免试认定中小学教师资格改革实施方案》等文件衔接成政策体系。分析《能力标准》发现，《能力标准》从师德践行能力、教学实践能力、综合育人能力、自主发展能力四个方面对师范生教师职业能力提出了要求（如表6-3所示）。

表6-3《中等职业教育专业师范生教师职业能力标准（试行）》对师范生教师职业能力的要求

一级指标	二级指标	三级指标
师德践行能力	遵守师德规范	理想信念、立德树人、师德准则
	涵养教育情怀	职业认同、关爱学生、用心从教、自身修养
	弘扬工匠精神	—
专业教学能力	掌握专业知识	教育基础、专业素养、信息素养、知识整合
	开展专业实践	操作能力、获取证书
	学会教学设计	熟悉标准、掌握技能、分析学情、设计教案
	实施课程教学	情境创设、教学组织、学习指导、教学评价
综合育人能力	开展班级指导	育德意识、班级管理、心理辅导、家校沟通、职业指导
	实施专业育人	育人理念、育人实践、课外活动、主题教育
自主发展能力	注重专业成长	发展规划、反思改进、学会研究
	主动交流合作	沟通技能、共同学习

二、启示

基于新时代党和国家对教师的要求，《中等职业学校教师专业标准（试行）》、《职业技术师范教育专业认证标准》《国家职业教育改革实施方案》等文件，教育部于 2021 年颁发《中等职业教育专业师范生教师职业能力标准（试行）》。《职业技术师范教育专业认证标准（第二级）》对师范生提出"一践行三学会"的毕业要求，与此相对应，《能力标准》提出四种能力，即师德践行能力、专业教学能力、综合育人能力、自主发展能力，每项能力包括能力项、能力点、考核要点三部分，分层逐步细化了师范生教师职业能力要求，这一框架建设思路值得学习。

第四节 从院校实践看教师专业能力要求

一、从本科层次职业技术大学人才招聘看专任教师能力要求

南京工业职业技术大学通过编制内引进、柔性引进和项目引进 5 类人才。

第一类是杰出人才。包括两院院士、国家杰出青年、国家名师、新世纪百千万人才工程、省"333 工程"一、二层次资助对象、国家自然科学奖、技术发明奖、科技进步奖获得者（排名前二）、中国青年科技奖、国家青年拔尖人才、新世纪优秀人才支持计划、教育部人文社科成果奖一等奖，或与上述人才水平相当层次的国家级人才。年龄原则上不超过 50 周岁。

第二类是领军人才。包括在高等教育领域和相关行业领域具有较高的影响力和威望，学术成果突出，具有正高级职称和博士学位，主持国家级科研项目，且具有省级以上人才项目。年龄原则上不超过 45 周岁。对学科和专业发展具有独到思路和创新发展的能力，学术成果优秀，具有副高级以上职称和博士学位，主持省部级科研项目，且具有省级以上人才项目。年龄原则上不超过 40 周岁。

第三类是高技能人才。包括获大国工匠、中华技能大奖、省"大工匠"等优秀高技能人才。年龄原则上不超过 50 周岁。获全国技术能手、省"工匠"、省有突出贡献的技师（高级技师）等优秀高技能人才。年龄原则上不超过 45 周岁。在世界 500 强企业或国内外知名企业工作的项目经理或技术主管，有 5 个以上大型项目实施经验，具有硕士研究生学历和学位且具有副高级以上职称，有 5 年以上企业工作经验。年龄原则上不超过 40 周岁。

第四类是青年英才。青年博士（含学历和学位），年龄原则上不超过 35 周岁。

第五类是创新团队。带头人有较高的学术造诣，学术水平在业内具有较高公认度，人员结构合理，核心成员应具有博士研究生学历和学位或副高级以上职称。创新团队应具有稳定的研发方向和较高的创新水平，近三年所取得的标志性

成果得到业内公认。

从南京工业职业技术大学人才政策可以看出，学校看重的专业教师能力包括科研能力、教学能力、技术技能、创新能力、学术管理能力。

二、从《山东青年政治学院岗位聘期任务与考核的指导意见》看应用型本科院校对教师能力要求

山东青年政治学院的办学基础是创建于 1949 年的中国新民主主义青年团山东省团校。1987 年，经原中华人民共和国国家教育委员会、山东省人民政府批准成立山东省青年管理干部学院。2010 年，经教育部批准建立山东青年政治学院，成为一所全日制普通本科高校。"青年政治"办学特色成为学校人才培养的核心要素。

山东青年政治学院教师岗位分为教授三级岗位、教授四级岗位、副教授六级岗位、副教授七级岗位、讲师八级岗位、讲师九级岗位、讲师十级岗位、助教十一级岗位、助教十二级岗位。其中，教授又分为教学科研型岗位、教学为主型岗位、科研为主型岗位。

从教师分级分类考核标准可以看出山东青年政治学院在教师能够熟练掌握各类专业能力后，鼓励教师在不同能力方向扩展。教师考核指标以定性指标为主，并且设置了体现学校特色的考核指标，如在教授三级考核标准（如表 6-4 所示），以教学为主型岗位中的特色考核指标包括主持编写并以学校为第一单位报送的决策咨询报告获省部级及以上主要领导（在党委、政府部门担任副省部级及以上实职的）肯定性批示 1 件。教师分级分类考核指标为教师能力提升明确了方向。

表 6-4 山东青年政治学院教授三级考核标准

教学科研型岗位	教学为主型岗位	科研为主型岗位
（1）教学业绩 年均教学工作量 320 学时及以上（其中 1 门课程必须为本科生课程或通识类选修课程）。 （2）教研科研业绩 至少须完成以下任务之一： ①获高等教育国家级教学成果奖特等奖前 10 位、一等奖前 7 位，或二等奖前 5 位； ②获省级教学成果奖特等奖前 5 位，一等奖前 3 位，或二等奖第 1 位； ③主编国家级规划教材 1 部； ④获省部级及以上教学名师荣誉称号； ⑤省级以上教学、科研团队首位； ⑥获国家级科学技术奖（含自然科学奖、技术发明奖、科学技术进步奖）一等奖前 7 位，或二等奖前 5 位； ⑦获国家人文社会科学优秀成果奖（含中国高校人文社会科学研究优秀成果奖、国家社会科学基金项目优秀成果奖）一等奖前 10 位，或二等奖前 5 位； ⑧获省部级科学研究成果奖（含自然科学奖、技术发明奖、科学技术进步奖、社会科学科研成果奖）一等奖前 5 位，或二等奖前 3 位，或三等奖第 1 位； ⑨主持立项或完成省部级及以上教学项目 1 项（含教学改革项目、一流课程、一流专业、虚拟仿真实验教学中心、人才培养模式创新试验区、实验教学示范中心等。下同），或主持完成教育部产学合作协同育人项目 2 项； ⑩主持立项或完成国家级科研项目，或省部级重点（重大）科研项目，或国家级重点（重大）科研项目课题； ⑪主持立项或完成省部级科研项目 1 项及以上（含省高校重大科研项目），或国家级重点（重大）科研项目子课题 2 项及以上；或主持纵向项目累计到账经费自然科学类 20 万元以上、人文社会科学类 10 万元以上，或主持横向课题累计到账经费自然科学类 50 万元以上，人文社会科学类 20 万元以上； ⑫主持立项或完成省重点学科、省级人文社会科学研究基地、省级重点实验室等省级科研平台； ⑬第一作者在 SCI、SSCI、EI（期刊）、A&HCI、CSSCI 来源期刊上发表学术论文（作品）1 篇以上；第一作者在全国中文核心期刊要目总览索引目录期刊、EI（会议，最多 1 篇）、CSCD 源期刊论文（艺术学可包含 SCD 期刊）发表学术论文 2 篇（艺术学岗位可含第一作者在全国中文核心期刊要目总览索引目录期刊发表作品 1 篇）； ⑭第一作者出版学术专著或译著 1 部； ⑮主持制定 1 项国家标准； ⑯主持编写并以学校为第一单位报送的决策咨询报告获省部级以上主要领导（在党委、政府部门担任副省部级及以上实职的）肯定性批示 1 件； ⑰以学校为专利权人的发明专利和实用新型以及以学校为著作权人的计算机软件登记著作权 2 件，其中实用新型或者计算机软件著作权二选一且不能超过 1 件	（1）教学业绩 年均教学工作量 480 学时及以上（其中 1 门课程必须为本科生课程或通识类选修课程）。 （2）教研科研业绩 至少需完成以下任务之一： ①获高等教育国家级教学成果奖特等奖前 10 位，一等奖前 5 位，或二等奖前 3 位； ②获省级教学成果奖特等奖前 3 位，一等奖前 2 位，或二等奖第 1 位； ③主编国家级规划教材 1 部； ④获省部级及以上教学名师荣誉称号； ⑤省级以上教学、科研团队首位； ⑥主持立项或完成省部级及以上教学项目 1 项，或主持完成教育部产学合作协同育人项目 2 项； ⑦主持立项或完成省级重点学科、省人文社会科学研究基地、省级重点实验室等省级科研平台； ⑧第一作者在全国中文核心期刊要目总览索引目录期刊、CSCD 源期刊论文（艺术学可包含 SCD 期刊）发表学术论文 1 篇； ⑨第一作者出版学术专著或译著 1 部； ⑩主持制定 1 项国家标准； ⑪主持编写并以学校为第一单位报送的决策咨询报告获省部级以上主要领导（在党委、政府部门担任副省部级及以上实职的）肯定性批示 1 件； ⑫以学校为专利权人的发明专利和实用新型以及以学校为著作权人的计算机软件登记著作权 2 件，其中实用新型或者计算机软件著作权二选一且不能超过 1 件	（1）教学业绩 年均教学工作量 120 学时及以上（其中 1 门课程必须为本科生课程或通识类选修课程）。 （2）教研科研业绩 至少需完成以下任务之二： ①获高等教育国家级教学成果奖特等奖前 10 位，一等奖前 7 位，或二等奖前 5 位； ②获省级教学成果奖特等奖前 5 位，一等奖前 3 位，或二等奖第 1 位； ③主编国家级规划教材 1 部； ④获省部级及以上教学名师荣誉称号； ⑤省级以上教学、科研团队首位； ⑥获国家级科学技术奖（含自然科学奖、技术发明奖、科学技术进步奖）一等奖前 7 位，或二等奖前 5 位； ⑦获国家人文社会科学优秀成果奖（含中国高校人文社会科学研究优秀成果奖、国家社会科学基金项目优秀成果奖）一等奖前 10 位，或二等奖前 5 位； ⑧获省部级科学研究成果奖（含自然科学奖、技术发明奖、科学技术进步奖、社会科学科研成果奖）一等奖前 5 位，或二等奖前 3 位，或三等奖第 1 位；首位获 1 项教育厅高校科研成果奖一等奖； ⑨主持立项或完成省部级及以上教学项目 1 项，或主持完成教育部产学合作协同育人项目 2 项； ⑩主持立项或完成国家级科研项目，或省部级重点（重大）科研项目，或国家级重点（重大）科研项目课题； ⑪主持立项或完成省部级科研项目 1 项及以上（含省高校重大科研项目），或国家级重点（重大）科研项目子课题 1 项及以上；或主持纵向项目累计到账经费自然科学类 20 万元以上、人文社会科学类 10 万元以上，或主持横向课题累计到账经费自然科学类 50 万元以上，人文社会科学类 20 万元以上； ⑫主持立项或完成省重点学科、省人文社会科学研究基地、省级重点实验室等省级科研平台； ⑬第一作者在国（境）外正式出版的刊物或国内正式期刊 SCI、SSCI、EI（期刊）、A&HCI、CSSCI 发表论文 2 篇（艺术学类可包含 1 篇作品）；第一作者在全国中文核心期刊要目总览索引目录期刊、EI（会议，不超过 1 篇）、CSCD 源期刊论文（艺术学可包含 SCD 期刊）上发表学术论文 4 篇（艺术学岗位可含第一作者在全国中文核心期刊要目总览索引目录期刊发表作品 2 篇）； ⑭第一作者出版学术专著或译著 1 部； ⑮主持编写并以学校为第一单位报送的决策咨询报告获省部级以上主要领导（在党委、政府部门担任副省部级及以上实职的）肯定性批示 1 件； ⑯以学校为专利权人的发明专利 2 件

第七章 本科层次职业院校教师专业能力模型及标准构建

第一节 本科层次职业院校教师专业能力模型构建

一、本科层次职业院校教师专业能力要素选择

（一）专业能力评价量表的确定

蒂莫西（Timothy）认为，量表开发的初始题项可以从两个途径获取：已有的相关文献和具有相关工作经验的人。[1]本研究在前期研究的基础上，依据国家政策、行业企业需求、院校实践以及国际范式选择能力要素，确立初始题项来源。在基本确立了初始题项的来源后，依据能力模型中的关键行为评价指标，共确定了项目池中 75 个初始题项。同时，邀请 4 位职业教育研究专家、3 位本科层次职业院校骨干教师和 2 名产业导师（院校聘请的行业领军人才兼职）共同对量表进行修正，以达到良好的内容效度，形成包括 6 个能力领域、62 个修正题项的《本科层次职业院校教师专业能力自评问卷》。

（二）专业能力模型信息采集

1. 研究工具

对《本科层次职业教育教师专业能力自评问卷》进一步完善，采用李克特量表，用"1—5"表示"完全不符合—完全符合"的程度，并借鉴明尼苏达人格测验测谎量表，添加 3 个测谎题项，最终形成 65 个题项，并将这些题项随机打乱排序。

2. 调查对象和过程

本研究调查时间为 2021 年 10 月至 11 月，调查对象面向山东省本科层次职业院校教师、应用型本科高校教师随机抽样，问卷采用问卷调查软件制作，通过电子聊天工具线上发放。共发放问卷 500 份，回收问卷 487 份，回收率为 97.4

---

[1] 温利群. 创造型领导力的概念发展及其对组织创造力的影响研究 [D]. 哈尔滨：哈尔滨工业大学，2017.

%，有效问卷446份。

（三）专业能力模型探索性因子分析

1. 测量题项筛选

在设计问卷之后，利用软件进行探索性因子分析。在进行探索性因子分析之前，需要对测量题项进行筛选，以剔除不合理的题项。

项目分析，是针对李克特量表，对水平不同的被试反映的鉴别能力与区分程度。项目分析采用 t 检验法，将量表总分的前27%被试与后27%被试区分为高分组和低分组，然后将高分组和低分组在每一题项得分平均数进行差异比较，所得值称为临界比值或决断值。运用独立样本 t 检验，由结果（如表7-1所示）可知，高分组和低分组中题项 $D55$（$t=-1.138$；$p=0.256$）和 $D59$（$t=-1.292$；$p=0.198$）不存在显著差异，故予以删除。本研究选用 $p<0.05$ 作为题项去留的显著性水平，保留62个题项。

表7-1 独立样本 t 检验

题项目		列文方差相等性检验		平均值相等性的 t 检验				
		F	显著性	t	自由度	显著性（双尾）	平均差	标准误差差值
$D1$	已假设方差齐性	1.020	0.313	-7.625	238	0.000	-1.2417	0.1628
	未假设方差齐性	—		-7.625	236.803	0.000	-1.2417	0.1628
$D2$	已假设方差齐性	10.272	0.002	-6.977	238	0.000	-.8750	0.1254
	未假设方差齐性	—		-6.977	227.762	0.000	-.8750	0.1254
$D3$	已假设方差齐性	6.215	0.013	-6.376	238	0.000	-.7750	0.1215
	未假设方差齐性	—		-6.376	234.499	0.000	-.7750	0.1215
$D4$	已假设方差齐性	3.901	0.049	-4.044	238	0.000	-.4833	0.1195
	未假设方差齐性	—		-4.044	235.172	0.000	-.4833	0.1195
$D5$	已假设方差齐性	0.176	0.675	-5.298	238	0.000	-.6083	0.1148
	未假设方差齐性	—		-5.298	236.965	0.000	-.6083	0.1148
$D6$	已假设方差齐性	0.992	0.320	-5.839	238	0.000	-.6917	0.1185
	未假设方差齐性	—		-5.839	237.201	0.000	-.6917	0.1185
$D7$	已假设方差齐性	0.065	0.800	-6.852	238	0.000	-1.1750	0.1715
	未假设方差齐性	—		-6.852	237.978	0.000	-1.1750	0.1715
$D8$	已假设方差齐性	4.624	0.033	-5.846	238	0.000	-.7583	0.1297
	未假设方差齐性	—		-5.846	236.420	0.000	-.7583	0.1297
$D9$	已假设方差齐性	0.647	0.422	-8.646	238	0.000	-1.0917	0.1263
	未假设方差齐性	—		-8.646	237.061	0.000	-1.0917	0.1263
$D10$	已假设方差齐性	0.374	0.541	-7.088	238	0.000	-.9083	0.1281
	未假设方差齐性	—		-7.088	237.990	0.000	-.9083	0.1281
$D11$	已假设方差齐性	3.283	0.071	-5.986	238	0.000	-.7917	0.1323
	未假设方差齐性	—		-5.986	237.082	0.000	-.7917	0.1323
$D12$	已假设方差齐性	0.235	0.628	-6.931	238	0.000	-1.1917	0.1719
	未假设方差齐性	—		-6.931	237.976	0.000	-1.1917	0.1719

续表

题项目		列文方差相等性检验		平均值相等性的 t 检验				
		F	显著性	t	自由度	显著性（双尾）	平均差	标准误差差值
D13	已假设方差齐性	1.043	0.308	-6.193	238	0.000	-.8417	0.1359
	未假设方差齐性	—	—	-6.193	237.645	0.000	-.8417	0.1359
D14	已假设方差齐性	1.295	0.256	-4.776	238	0.000	-.8333	0.1745
	未假设方差齐性	—	—	-4.776	237.392	0.000	-.8333	0.1745
D15	已假设方差齐性	0.095	0.758	-3.679	238	0.000	-.5333	0.1450
	未假设方差齐性	—	—	-3.679	238.000	0.000	-.5333	0.1450
D16	已假设方差齐性	0.382	0.537	-5.637	238	0.000	-.7833	0.1390
	未假设方差齐性	—	—	-5.637	237.013	0.000	-.7833	0.1390
D17	已假设方差齐性	1.216	0.271	-5.625	238	0.000	-.7500	0.1333
	未假设方差齐性	—	—	-5.625	234.277	0.000	-.7500	0.1333
D18	已假设方差齐性	0.191	0.662	-4.842	238	0.000	-.8417	0.1738
	未假设方差齐性	—	—	-4.842	237.509	0.000	-.8417	0.1738
D19	已假设方差齐性	1.211	0.272	-6.193	238	0.000	-.8333	0.1346
	未假设方差齐性	—	—	-6.193	237.712	0.000	-.8333	0.1346
D20	已假设方差齐性	0.062	0.804	-5.215	238	0.000	-.6833	0.1310
	未假设方差齐性	—	—	-5.215	236.000	0.000	-.6833	0.1310
D21	已假设方差齐性	0.660	0.417	-7.805	238	0.000	-1.3667	0.1751
	未假设方差齐性	—	—	-7.805	237.703	0.000	-1.3667	0.1751
D22	已假设方差齐性	0.337	0.562	-8.152	238	0.000	-1.0583	0.1298
	未假设方差齐性	—	—	-8.152	237.936	0.000	-1.0583	0.1298
D23	已假设方差齐性	0.104	0.747	-7.287	238	0.000	-1.0083	0.1384
	未假设方差齐性	—	—	-7.287	237.981	0.000	-1.0083	0.1384
D24	已假设方差齐性	0.957	0.329	-6.924	238	0.000	-.9417	0.1360
	未假设方差齐性	—	—	-6.924	236.837	0.000	-.9417	0.1360
D25	已假设方差齐性	0.741	0.390	-7.209	238	0.000	-1.2083	0.1676
	未假设方差齐性	—	—	-7.209	236.963	0.000	-1.2083	0.1676
D26	已假设方差齐性	1.271	0.261	-5.972	238	0.000	-.8417	0.1409
	未假设方差齐性	—	—	-5.972	237.807	0.000	-.8417	0.1409
D27	已假设方差齐性	1.330	0.250	-2.394	238	0.017	-.4583	0.1914
	未假设方差齐性	—	—	-2.394	236.792	0.017	-.4583	0.1914
D28	已假设方差齐性	2.808	0.095	-6.403	238	0.000	-.8667	0.1353
	未假设方差齐性	—	—	-6.403	236.267	0.000	-.8667	0.1353
D29	已假设方差齐性	3.686	0.056	-6.280	238	0.000	-.8083	0.1287
	未假设方差齐性	—	—	-6.280	234.475	0.000	-.8083	0.1287
D30	已假设方差齐性	1.157	0.283	-12.223	238	0.000	-1.9667	0.1609
	未假设方差齐性	—	—	-12.223	236.852	0.000	-1.9667	0.1609
D31	已假设方差齐性	0.372	0.543	-10.584	238	0.000	-1.2917	0.1220
	未假设方差齐性	—	—	-10.584	237.991	0.000	-1.2917	0.1220
D32	已假设方差齐性	1.158	0.283	-10.338	238	0.000	-1.2250	0.1185
	未假设方差齐性	—	—	-10.338	236.866	0.000	-1.2250	0.1185

续表

题项目		列文方差相等性检验		平均值相等性的 t 检验				
		F	显著性	t	自由度	显著性（双尾）	平均差	标准误差差值
D33	已假设方差齐性	.069	0.793	-9.210	238	0.000	-1.1500	0.1249
	未假设方差齐性	—	—	-9.210	237.585	0.000	-1.1500	0.1249
D34	已假设方差齐性	0.018	0.893	-9.562	238	0.000	-1.1833	0.1238
	未假设方差齐性	—	—	-9.562	237.792	0.000	-1.1833	0.1238
D35	已假设方差齐性	0.253	0.616	-9.931	238	0.000	-1.2083	0.1217
	未假设方差齐性	—	—	-9.931	237.795	0.000	-1.2083	0.1217
D36	已假设方差齐性	0.055	0.815	-9.587	238	0.000	-1.2333	0.1286
	未假设方差齐性	—	—	-9.587	237.988	0.000	-1.2333	0.1286
D37	已假设方差齐性	20.038	0.000	-6.166	238	0.000	-1.0833	0.1757
	未假设方差齐性	—	—	-6.166	221.363	0.000	-1.0833	0.1757
D38	已假设方差齐性	4.881	0.028	-5.192	238	0.000	-.7250	0.1396
	未假设方差齐性	—	—	-5.192	235.697	0.000	-.7250	0.1396
D39	已假设方差齐性	2.787	0.096	-6.521	238	0.000	-.9000	0.1380
	未假设方差齐性	—	—	-6.521	236.132	0.000	-.9000	0.1380
D40	已假设方差齐性	8.199	0.005	-6.921	238	0.000	-1.1500	0.1662
	未假设方差齐性	—	—	-6.921	230.807	0.000	-1.1500	0.1662
D41	已假设方差齐性	8.537	0.004	-5.818	238	0.000	-.7250	0.1246
	未假设方差齐性	—	—	-5.818	229.825	0.000	-.7250	0.1246
D42	已假设方差齐性	0.326	0.568	-6.708	238	0.000	-.8417	0.1255
	未假设方差齐性	—	—	-6.708	237.988	0.000	-.8417	0.1255
D43	已假设方差齐性	0.122	0.727	-7.008	238	0.000	-.8750	0.1249
	未假设方差齐性	—	—	-7.008	237.987	0.000	-.8750	0.1249
D44	已假设方差齐性	5.663	0.018	-8.263	238	0.000	-1.0833	0.1311
	未假设方差齐性	—	—	-8.263	232.571	0.000	-1.0833	0.1311
D45	已假设方差齐性	0.638	0.425	-2.342	238	0.020	-.4250	0.1814
	未假设方差齐性	—	—	-2.342	237.367	0.020	-.4250	0.1814
D46	已假设方差齐性	1.806	0.180	-8.229	238	0.000	-1.3833	0.1681
	未假设方差齐性	—	—	-8.229	237.608	0.000	-1.3833	0.1681
D47	已假设方差齐性	0.098	0.754	-6.230	238	0.000	-.8500	0.1364
	未假设方差齐性	—	—	-6.230	237.670	0.000	-.8500	0.1364
D48	已假设方差齐性	0.019	0.889	-7.316	238	0.000	-.9500	0.1299
	未假设方差齐性	—	—	-7.316	237.683	0.000	-.9500	0.1299
D49	已假设方差齐性	0.013	0.910	-2.077	238	.039	-.3583	0.1725
	未假设方差齐性	—	—	-2.077	237.526	0.039	-.3583	0.1725
D50	已假设方差齐性	2.459	0.118	-4.874	238	0.000	-.8833	0.1812
	未假设方差齐性	—	—	-4.874	236.722	0.000	-.8833	0.1812
D51	已假设方差齐性	2.339	0.128	-5.866	238	0.000	-.8083	0.1378
	未假设方差齐性	—	—	-5.866	237.118	0.000	-.8083	0.1378
D52	已假设方差齐性	4.254	0.040	-5.980	238	0.000	-.8000	0.1338
	未假设方差齐性	—	—	-5.980	234.417	0.000	-.8000	0.1338

续表

题项目		列文方差相等性检验		平均值相等性的 t 检验				
		F	显著性	t	自由度	显著性（双尾）	平均差	标准误差差值
D53	已假设方差齐性	0.728	0.394	-7.461	238	0.000	-1.3583	0.1820
	未假设方差齐性	—	—	-7.461	237.027	0.000	-1.3583	0.1820
D54	已假设方差齐性	1.915	0.168	-7.726	238	0.000	-1.0833	0.1402
	未假设方差齐性	—	—	-7.726	237.044	0.000	-1.0833	0.1402
D55	已假设方差齐性	3.332	0.069	-1.138	238	0.256	-.2083	0.1830
	未假设方差齐性	—	—	-1.138	235.932	0.256	-.2083	0.1830
D56	已假设方差齐性	1.063	0.304	-5.390	238	0.000	-.9250	0.1716
	未假设方差齐性	—	—	-5.390	237.267	0.000	-.9250	0.1716
D57	已假设方差齐性	3.123	0.078	-5.964	238	0.000	-.7833	0.1313
	未假设方差齐性	—	—	-5.964	231.877	0.000	-.7833	0.1313
D58	已假设方差齐性	3.307	0.070	-4.114	238	0.000	-.6000	0.1458
	未假设方差齐性	—	—	-4.114	237.629	0.000	-.6000	0.1458
D59	已假设方差齐性	1.416	0.235	-1.292	238	0.198	-.2417	0.1870
	未假设方差齐性	—	—	-1.292	237.574	0.198	-.2417	0.1870
D60	已假设方差齐性	0.001	0.972	-6.297	238	0.000	-1.0583	0.1681
	未假设方差齐性	—	—	-6.297	237.990	0.000	-1.0583	0.1681
D61	已假设方差齐性	0.035	0.853	-6.990	238	0.000	-.9167	0.1311
	未假设方差齐性	—	—	-6.990	237.692	0.000	-.9167	0.1311
D62	已假设方差齐性	0.463	0.497	-6.347	238	0.000	-.8667	0.1366
	未假设方差齐性	—	—	-6.347	237.963	0.000	-.8667	0.1366
D63	已假设方差齐性	0.096	0.757	-5.333	238	0.000	-.9500	0.1781
	未假设方差齐性	—	—	-5.333	237.773	0.000	-.9500	0.1781
D64	已假设方差齐性	0.276	0.600	-4.668	238	0.000	-.6833	0.1464
	未假设方差齐性	—	—	-4.668	236.780	0.000	-.6833	0.1464

在测量题项筛选过程中，除采用项目分析方法外，同质性检验方法使用频次亦很高。使用该方法是为了求出各个题项与总分 Pearson 相关系数（皮尔逊相关系数），检验每一题项与总分的相关系数是否处于 0.3 以上的显著水平（$p<0.001$），不符合则酌情删减。如果题项与总分的相关系数大则表明该题项与量表整体同质性良好，同时表明该能力单元为本科层次职业教育教师专业能力的关键构成要素。由结果（如表 7-2 所示）可知 D27、D45、D49 与总分的相关性低于 0.3，故予以剔除。保留 59 个题项。

表 7-2 各个题项与总分相关性检验

题项	与相关系数总分		题项	与相关性总分	
D1	Pearson 相关系数	0.371**	D32	Pearson 相关系数	0.444**
	显著性（双尾）	0.000		显著性（双尾）	0.000
D2	Pearson 相关系数	0.378**	D33	Pearson 相关系数	0.434**
	显著性（双尾）	0.000		显著性（双尾）	0.000
D3	Pearson 相关系数	0.396**	D34	Pearson 相关系数	0.451**
	显著性（双尾）	0.000		显著性（双尾）	0.000
D4	Pearson 相关系数	0.358**	D35	Pearson 相关系数	0.468**
	显著性（双尾）	0.000		显著性（双尾）	0.000
D5	Pearson 相关系数	0.391**	D36	Pearson 相关系数	0.468**
	显著性（双尾）	0.000		显著性（双尾）	0.000
D6	Pearson 相关系数	0.437**	D37	Pearson 相关系数	0.385**
	显著性（双尾）	0.000		显著性（双尾）	0.000
D7	Pearson 相关系数	0.348**	D38	Pearson 相关系数	0.400**
	显著性（双尾）	0.000		显著性（双尾）	0.000
D8	Pearson 相关系数	0.366**	D39	Pearson 相关系数	0.431**
	显著性（双尾）	0.000		显著性（双尾）	0.000
D9	Pearson 相关系数	0.427**	D40	Pearson 相关系数	0.335**
	显著性（双尾）	0.000		显著性（双尾）	0.000
D10	Pearson 相关系数	0.378**	D41	Pearson 相关系数	0.339**
	显著性（双尾）	0.000		显著性（双尾）	0.000
D11	Pearson 相关系数	0.370**	D42	Pearson 相关系数	0.367**
	显著性（双尾）	0.000		显著性（双尾）	0.000
D12	Pearson 相关系数	0.368**	D43	Pearson 相关系数	0.382**
	显著性（双尾）	0.000		显著性（双尾）	0.000
D13	Pearson 相关系数	0.422**	D44	Pearson 相关系数	0.428**
	显著性（双尾）	0.000		显著性（双尾）	0.000
D14	Pearson 相关系数	0.338**	D45	Pearson 相关系数	0.157**
	显著性（双尾）	0.000		显著性（双尾）	0.001
D15	Pearson 相关系数	0.344**	D46	Pearson 相关系数	0.395**
	显著性（双尾）	0.000		显著性（双尾）	0.000
D16	Pearson 相关系数	0.391**	D47	Pearson 相关系数	0.396**
	显著性（双尾）	0.000		显著性（双尾）	0.000
D17	Pearson 相关系数	0.373**	D48	Pearson 相关系数	0.406**
	显著性（双尾）	0.000		显著性（双尾）	0.000
D18	Pearson 相关系数	0.305**	D49	Pearson 相关系数	0.110*
	显著性（双尾）	0.000		显著性（双尾）	0.020
D19	Pearson 相关系数	0.424**	D50	Pearson 相关系数	0.338**
	显著性（双尾）	0.000		显著性（双尾）	0.000
D20	Pearson 相关系数	0.369**	D51	Pearson 相关系数	0.389**
	显著性（双尾）	0.000		显著性（双尾）	.000
D21	Pearson 相关系数	0.400**	D52	Pearson 相关系数	.393**
	显著性（双尾）	0.000		显著性（双尾）	0.000
D22	Pearson 相关系数	0.423**	D53	Pearson 相关系数	0.376**
	显著性（双尾）	0.000		显著性（双尾）	0.000

续表

题项		与相关系数总分	题项		与相关性总分
D23	Pearson 相关系数	0.437**	D54	Pearson 相关系数	0.470**
	显著性（双尾）	0.000		显著性（双尾）	0.000
D24	Pearson 相关系数	0.414**	D56	Pearson 相关系数	0.327**
	显著性（双尾）	0.000		显著性（双尾）	0.000
D25	Pearson 相关系数	0.360**	D57	Pearson 相关系数	0.391**
	显著性（双尾）	0.000		显著性（双尾）	0.000
D26	Pearson 相关系数	0.391**	D58	Pearson 相关系数	0.369**
	显著性（双尾）	0.000		显著性（双尾）	0.000
D27	Pearson 相关系数	0.162**	D60	Pearson 相关系数	0.371**
	显著性（双尾）	0.001		显著性（双尾）	0.000
D28	Pearson 相关系数	0.370**	D61	Pearson 相关系数	0.395**
	显著性（双尾）	0.000		显著性（双尾）	0.000
D29	Pearson 相关系数	0.394**	D62	Pearson 相关系数	0.432**
	显著性（双尾）	0.000		显著性（双尾）	0.000
D30	Pearson 相关系数	0.505**	D63	Pearson 相关系数	0.368**
	显著性（双尾）	0.000		显著性（双尾）	0.000
D31	Pearson 相关系数	0.475**	D64	Pearson 相关系数	0.369**
	显著性（双尾）	0.000		显著性（双尾）	0.000

注：* 表示 $p<0.05$；** 表示 $p<0.01$。

2. 探索性因子分析

利用 SPSS 23.0（统计产品与服务解决方案）进行探索性因子分析。首先对量表进行 KMO 检验和 Bartlett's 球形检验，KMO 值为 0.806，大于 0.7，Bartlett's 球形检验水平显著（Sig. 值小于 0.001），说明可以进行因子分析（如表 7-3 所示）。

表 7-3 KMO 检验和 Bartlett's 球形检验

KMO 取样适切性量数		0.806
Bartlett's 球形检验	上次读取的卡方	14912.617
	自由度	1711
	显著性	0.000

采取主成分分析法进行进一步分析，因子旋转时采用方差最大正交旋转进行因素分析，各因子特征根值均大于 1，方差累计贡献率 74.412%，超过 70%，探索性因子分析数据指标表征良好（如表 7-4 所示）。

表 7-4 总方差解释

组件	初始特征值 总计	方差 /%	累积 /%	提取载荷平方和 总计	方差 /%	累积 /%	旋转载荷平方和 总计	方差 /%	累积 /%
1	9.445	16.009	16.009	9.445	16.009	16.009	4.728	8.014	8.014
2	3.708	6.284	22.293	3.708	6.284	22.293	3.58	6.068	14.082
3	3.427	5.809	28.102	3.427	5.809	28.102	3.535	5.991	20.073
4	3.08	5.22	33.322	3.08	5.22	33.322	3.005	5.094	25.167
5	2.737	4.639	37.961	2.737	4.639	37.961	3.002	5.088	30.255
6	2.529	4.286	42.247	2.529	4.286	42.247	2.967	5.029	35.284
7	2.159	3.66	45.907	2.159	3.66	45.907	2.385	4.042	39.326
8	2.119	3.591	49.497	2.119	3.591	49.497	2.377	4.029	43.355
9	2.053	3.48	52.978	2.053	3.48	52.978	2.369	4.016	47.371
10	2.013	3.412	56.39	2.013	3.412	56.39	2.344	3.972	51.343
11	1.878	3.183	59.573	1.878	3.183	59.573	2.326	3.942	55.285
12	1.776	3.011	62.584	1.776	3.011	62.584	2.315	3.924	59.209
13	1.664	2.82	65.404	1.664	2.82	65.404	2.219	3.762	62.971
14	1.514	2.566	67.969	1.514	2.566	67.969	1.696	2.874	65.846
15	1.381	2.342	70.311	1.381	2.342	70.311	1.696	2.874	68.72
16	1.225	2.077	72.388	1.225	2.077	72.388	1.689	2.863	71.583
17	1.194	2.024	74.412	1.194	2.024	74.412	1.669	2.829	74.412

组件 1 包括：坚定政治方向、自觉爱国守法、遵守校规校纪，将其命名为"遵纪守法"。组件 2 包括：理想信念、立德树人、师德准则，将其命名为"道德示范"。组件 3 包括：职业认同、关爱学生、用心从教、传播优秀文化、自身修养，将其命名为"涵养教育情怀"。组件 4 包括：遵守工程伦理、弘扬工匠精神将其命名为"弘扬工匠精神"。组件 5 包括：专业知识、讲授课程专业知识、接口课程专业知识、服务企业岗位的特定知识，将其命名为"专业认知能力"。组件 6 包括：专业技术技能、讲授课程的实践技能、服务企业岗位的特定技术技能，将其命名为"专业能力"。组件 7 包括：人才培养方案调研与数据分析、设计编写和初审、审核与完善、T10 组织与管理，将其命名为"人才培养方案修订"。组件 8 包括：课程标准调研与数据分析、设计、编写和初审、审核与完善、组织与管理，将其命名为"课程标准开发"。组件 9 包括：课程思政设计、职业道德与素养设计、引入新技术/新工艺/新规范、科研成果与技术成果引入、教学方法与教程设计、教学评价设计、组织与管理将其命名为"教学方案设计"。组件 10 包括：教学组织与实施、教学艺术与方法、组织与管理，将其命名为"教学实施"。组件 11 包括：教育科学研究、专业课程建设、教材建设与改革、实践教学条件建设与改革、教学资源建设与改革，将其命名为"教研教改能力"。组件 12 包括：工程设计研究、工程技术研究、工程科学研究，将其命名为"科

技攻关与技术技能累计"。组件13包括，服务学生技能大赛、服务学生职业生涯发展规划、服务学生创新创业，将其命名为"服务学生能力"。组件14包括：智力支撑、教育培训，将其命名为"服务企业能力"。组件15包括：国际标准制、国际教育教学、国际企业员工培训，将其命名为"服务国际交流能力"。组件16包括：发展规划、反思改进、学会研究，将其命令为"专业成长"。组件17包括：沟通技能、共同学习，将其命名为"主动交流合作"。这17个维度从不同侧面刻画本科层次职业教师专业能力。

二、本科层次职业院校教师专业能力模型

本研究构建的本科层次职业院校教师专业能力模型，反映的是数字化背景下职业本科教师专业能力结构及其动态发展变化，专业能力要素包括职业道德践行能力、专业能力、教育教学能力、研究与改革能力、服务能力、自我发展能力。其中，职业道德践行能力是其他能力发展的动力，创新创业能力、管理能力、绿色技能、数字技能、沟通交流能力镶嵌在上述能力中。除此之外，学校可根据时代新要求或办学特色，添加教师专业能力。

新手教师在工作过程中整合每一个领域的能力，直到将这些领域的知识、技能完全整合，形成专业能力（如表7-5所示）。随着教师的不断发展，他们可以在更大的范围内整合专业知识。如果他们在形成专业能力后，仅在某一领域内发展，则成为相关领域专家。

表7-5 本科层次职业院校教师专业能力要素

一级指标	二级指标
职业道德践行能力	遵纪守法、道德示范、涵养教育情怀、弘扬工匠精神
专业能力	专业认知能力、专业技术技能
教育教学能力	人才培养方案修订、课程标准开发、教学方案设计、教学实施
研究与改革能力	教研教改能力、科技攻关与技术技能累计
服务能力	服务学生学习、服务企业能力、服务国际交流能力
自我发展能力	专业成长、主动交流合作

第二节 本科层次职业院校教师专业能力指标体系的权重

本研究采用AHP进行指标体系的权重计算。为方便进行AHP的分析和计算，按照专业能力指标要素间的相互关联影响以及隶属关系，将各要素分解成若干层次，即目标层、准则层和方案层，建立一个多层次的结构模型。其中，教师专业能力标记为A；准则层为指标体系一级指标，即前述6个维度，标记为Bi；方案层为指标体系的二级指标，共17个，标记为Cij。采用萨蒂给出的两两比较

时的 6 个重要性等级及其赋值，设计了本科层次职业大学教师专业能力各二级指标间进行两两比较的调查表，接受调研的 8 位专家在表格上进行了全部 17 个二级指标间的两两比较，并按其重要性程度评定等级，从而得到一系列可以计算出指标体系各指标权重的数据。

一、层次分析法

采用方根法，步骤如下：

将判断矩阵每一行元素相乘，b_{ij} 表示 i 对于 j 的重要性标度，即

$$M_i = \prod_{j=1}^{n} b_{ij}, (i=1,2...,n)$$

对 M_i 计算的几何平均值，即

$$\overline{W_i} = \sqrt[n]{M_i}, (i=1,2...,n)$$

对 $\overline{W_i}$ 进行规范化计算，即

$$W_i = \frac{\overline{W_i}}{\sum_{i=1}^{n} \overline{W_i}}, (i=1,2...,n)$$

一致性检验，求最大特征根 λ_{max}，B 为已知判断矩阵，n 为阶数，W 表示权重列向量，即

$$\lambda_{max} = \frac{1}{n} \sum_{i=1}^{n} \frac{(BW)}{W_i}$$

求一致性指标 $C \cdot I$，即

$$C \cdot I = \frac{\lambda_{max} - n}{n-1}$$

求一致性比率 $C \cdot R$；用 $R \cdot I$ 表示比例系数，其取值与判断矩阵的阶数 n 有关，即

$$C \cdot R = \frac{C \cdot I}{R \cdot I}$$

如果 $C \cdot R < 0.1$，则说明满足一致性检验，否则修改判断矩阵。

随机一致性指标如表 7-6 所示：

表 7-6 随机一致性指标

n	1	2	3	4	5	6	7	8	9	10
$R \cdot I$	0	0	0.58	0.90	1.12	1.24	1.32	1.41	1.45	1.49

二、权重的确定

在确定好各类因素后，需要建立判断矩阵。用表示因素 i，j 的重要性之比，那么因素 j，i 重要性之比取倒数。下面给出标度的具体含义，如表 7-7 所示。

表 7-7 标度含义

标度	含义
1	两个因素重要程度一致
3	前者重要程度稍大于后者
5	前者重要程度远大于后者
7	前者重要程度远远超过后者
9	前者重要程度极大于后者
2、4、6、8	取上述判断中间值

为了确定评价指标的权重，研究小组对评价指标的重要性进行了问卷调查，并邀请专家对指标的重要性进行两两比较打分。本研究计算特征值和特征向量，并对特征值进行一致性检验，如果未通过检验，则选择相关专家的判断矩阵进行适当反馈，调整判断矩阵，直至通过检验，最后确定指标权重。

（一）一级指标权重计算

通过专家打分得到判断矩阵如表 7-8 所示：

表 7-8 一级指标两两比较判断矩阵

一级指标	B1	B2	B3	B4	B5	B6
职业道德践行能力 B1	1	3	4	4	5	7
专业能力 B2	1/3	1	1	2	3	5
教育教学能力 B3	1/4	1	1	1	3	4
研究与改革能力 B4	1/4	1/2	1	1	2	3
服务能力 B5	1/5	1/3	1/3	1/2	1	2
自我发展能力 B6	1/7	1/5	1/4	1/3	1/2	1

通过计算得到权重结果为（0.4350 0.1852 0.1515 0.1203 0.0669 0.0411）；最大特征值 =6.1242，一致性指标 CI=0.0248，一致性比率 CR=0.0200<0.1，则说明满足一致性检验。

（二）二级指标权重计算

职业道德践行能力 B1 各指标判断矩阵如表 7-9 所示：

表 7-9 职业道德践行能力 B1 各指标判断矩阵

二级指标	C11	C12	C13	C14
遵纪守法 C11	1	1	3	1/2
道德师范 C12	1	1	2	1/2
涵养教育情怀 C13	1/3	1/2	1	1/3
弘扬工匠精神 C14	2	2	3	1

通过计算得到权重结果为（0.2485 0.2245 0.1090 0.4179）；最大特征值 = 4.0457，一致性指标 CI=0.0152，一致性比率 CR=0.0169<0.1，则说明满足一致性检验。

专业能力 B2 各指标判断矩阵如表 7-10 所示：

表 7-10 专业能力 B2 各指标判断矩阵

二级指标	C21	C22
专业认知能力 C21	1	1/2
专业技术技能 C22	2	1

通过计算得到权重结果为（0.3333 0.6667）；由于该判断矩阵为二阶，一定满足一致性检验。

教育教学能力 B3 各指标判断矩阵如表 7-11 所示：

表 7-11 教育教学能力 B3 各指标判断矩阵

二级指标	C31	C32	C33	C34
人才培养方案修订 C31	1	2	2	4
课程标准开发 C32	1/2	1	1	3
教学方案设计 C33	1/2	1	1	2
教学实施 C34	1/4	1/3	1/2	1

通过计算得到权重结果为（0.4387 0.2428 0.2194 0.0991）；最大特征值 =4.0206，一致性指标 CI=0.0069，一致性比率 CR=0.0076<0.1，则说明满足一致性检验。

研究与改革能力 B4 各指标判断矩阵如表 7-12 所示：

表 7-12 研究与改革能力 B4 各指标判断矩阵

二级指标	C41	C42
教研改革能力 C41	1	1/2
科技攻关与技术技能累计 C42	2	1

通过计算得到权重结果为（0.3333 0.6667）；由于该判断矩阵为二阶，一定满足一致性检验。

服务能力 B5 各指标判断矩阵如表 7-13 所示：

表 7-13 服务能力 B5 各指标判断矩阵

二级指标	C51	C52	C53
服务学生能力 C51	1	1/3	3
服务企业能力 C52	3	1	5
服务国际交流能力 C53	1/3	1/5	1

通过计算得到权重结果为（0.2583 0.6370 0.1047）；最大特征值 =3.0385，一致性指标 CI=0.0193，一致性比率 CR=0.0332<0.1，则说明满足一致性检验。

自我发展能力 B6 各指标判断矩阵如表 7-14 所示：

表 7-14 自我发展能力 B6 各指标判断矩阵

二级指标	C61	C62
专业成长 C61	1	3
主动交流合作 C62	1/3	1

通过计算得到权重结果为（0.7500 0.2500）；由于该判断矩阵为二阶，一定满足一致性检验。同理，得到三级指标判断矩阵的计算结果。

（三）权重结果汇总

通过计算层次总排序随机一致性比率 CR，来进行总体一致性检验，判断总排序的满意一致性。计算得到 CR=0.0217<0.1，说明满足一致性检验权重结果如表 7-15 所示。

表 7-15 权重结果汇总

一级指标	权重/%	二级指标	权重/%	三级指标	权重	综合权重/%
职业道德践行能力 B1	0.435	遵纪守法 C11	0.25	坚定政治方向 D1	0.54	5.83
				自觉爱国守法 D2	0.30	3.21
				遵守校规校纪 D3	0.16	1.77
		道德师范 C12	0.22	理想信念 D4	0.32	3.12
				立德树人 D5	0.56	5.46
				师德准则 D6	0.12	1.19
		涵养教育情怀	0.11	职业认同 D7	0.12	0.57
				关爱学生 D8	0.17	0.82
				用心从教 D9	0.33	1.58
				传播优秀文化 D10	0.30	1.42
				自身修养 D11	0.07	0.35
		弘扬工匠精神 C14	0.42	遵守工程伦理 D12	0.67	12.12
				弘扬工匠精神 D13	0.33	6.06
专业能力 B2	0.185	专业认知能力 C21	0.33	专业知识 D14	0.48	2.69
				讲授课程专业知识 D15	0.20	1.26
				接口课程专业知识 D16	0.24	1.50
				服务企业岗位的特定知识 D17	0.07	0.45
		专业技术技能 C22	0.67	专业技术技能 D18	0.53	6.52
				讲授课程的实践技能 D19	0.14	1.72
				服务企业岗位的特定技术技能 D20	0.33	4.11

续表

一级指标	权重/%	二级指标	权重/%	三级指标	权重	综合权重/%
教育教学能力 B3	0.152	人才培养方案修订 C31	0.44	人才培养方案调研与数据分析 D21	0.28	1.87
				设计编写和初审 D22	0.14	0.93
				审核与完善 D23	0.08	0.53
				组织与管理 D24	0.50	3.32
		课程标准开发 C32	0.24	课程标准调研与数据分析 D25	0.15	0.54
				设计、编写和初审 D26	0.27	1.00
				审核与完善 D27	0.49	1.80
				组织与管理 D28	0.09	0.34
		教学方案设计 C33	0.22	课程思政设计 D29	0.16	0.52
				职业道德与素养设计 D30	0.11	0.35
				引入新技术/新工艺/新规范 D31	0.03	0.11
				科研成果与技术成果引入 D32	0.05	0.16
				教学方法与教程设计 D33	0.07	0.24
				教学评价设计 D34	0.20	0.68
				组织与管理 D35	0.38	1.26
		教学实施 C34	0.10	教学组织与实施 D36	0.10	0.16
				教学艺术与方法 D37	0.26	0.39
				组织与管理 D38	0.64	0.96
研究与改革能力 B4	0.120	教研改革能力 C41	0.33	教育科学研究 D39	0.31	1.24
				专业课程建设 D40	0.16	0.63
				教材建设与改革 D41	0.39	1.55
				实践教学条件建设与改革 D42	0.09	0.37
				教学资源建设与改革 D43	0.06	0.22
		科技攻关与技术技能累计 C42	0.67	工程设计研究 D44	0.14	1.15
				工程技术研究 D45	0.57	4.58
				工程科学研究 D46	0.29	2.29
服务能力 B5	0.067	服务学生能力 C51	0.26	服务学生技能大赛 D47	0.24	0.41
				服务学生职业生涯发展规划 D48	0.14	0.24
				服务学生创新创业 D49	0.63	1.08
		服务企业能力 C52	0.64	智力支撑 D50	0.25	1.07
				教育培训 D51	0.75	3.20
		服务国际交流能力 C53	0.10	国际标准制 D52	0.63	0.44
				国际教育教学 D53	0.19	0.13
				国际企业员工培训 D54	0.17	0.12
自我发展能力 B6	0.041	专业成长 C61	0.75	发展规划 D55	0.12	0.36
				反思改进 D56	0.27	0.83
				学会研究 D57	0.61	1.89
		主动交流合作 C62	0.25	沟通技能 D58	0.67	0.68
				共同学习 D59	0.33	0.34

第三节 本科层次职业院校教师专业能力发展的阶段特征

由于对教师成长考察的角度不同，国内外许多学者对教师成长的阶段进行了不同的分析与划分，这些划分对本科层次职业院校教师专业能力阶段划分提供了参考。

美国学者弗兰西斯·富勒用阶段性关注理论将教师成长分为四个不同阶段：第一阶段是任教前的关注，此阶段是教师职业意识初生期，对教师角色充满了想象与期待，没有教学经验与方法，只注意关注自己；第二阶段是关注职业生存，即初任教师早期非常关注自己的职业生存问题，表现为对教学适应性的重视，时刻注意教学对自己造成的影响、关注课堂调控能力和学生的接受方式等；第三阶段是关注教学情境，此时教师极其关注课堂行为表现，关注课堂教学效果，关注教学目标的实现和对自己的教学评价；第四阶段是关注学生个体，即重视学生学习效果与成长发展，注重学生的身心健康，教书育人。美国学者斯蒂芬和沃尔夫在综合有关教学理论研究和大量的教学实践活动的基础上，总结出教师阶段性的能力发展规律，提出了教师成长与发展的生命周期理论，即任何终身从事教育工作的教师都会经历相互区别而又相互联系的几个成长发展阶段，分别是实习教师→新教师→专业化教师→专家型教师→杰出教师→退休教师。国外还有学者把教师成长发展分为四个不同的过程：第一个过程的教师，其人生观、世界观、教育观、教学观都很简单，非常坚定与坚持自己的原则与个性，非常敬畏、尊重并相信权威；第二个过程表现出因循守旧、遵守纪律、不敢越雷池半步的倾向；第三个过程的教师有了较强的自我意识、教学创新意识与创新行为，能积极进行教学研究和技术开发，并在教学中自觉地应用某些教学情境和高职特色教学的方式与方法；第四个过程的教师有了明显的职业教学认知与改革精神，能尊重职业教育与教学规律，并能从多方面、多角度分析和解决教学中出现的问题。

本研究将教师专业能力分为适应阶段、迁移阶段、深化阶段、创新阶段。适应阶段的教师对专业知识和教育学知识中的陈述性知识的把握是表面的、抽象的，缺乏具体实例的支撑。对解决"怎么办"的程序性知识的把握，往往停留在前结构水平上。迁移阶段是指在教师的知识结构中程序性知识已比较丰富，但条件反射的成分较大。灵活运用各种策略的条件性知识不足。这一时期教师知识与能力发展的重点将转向对新理论、新方法、新模式的学习与掌握上。深化阶段是指教师形成了新思想，掌握了新技术，熟练驾驭新模式。需要将个体经验上升到理性层面。创新阶段是指教师对专业理论和教育理论融会贯通，能对实际情况进行应用模式研究或创新研究。本研究根据不同阶段教师专业能力发展特点和进一步提升要求，分阶段制定专业能力标准。

第四节　本科层次职业院校教师专业能力标准

基于前述章节的论述，本研究编制了《本科层次职业院校教师专业能力标准》（以下简称《专业能力标准》）。《专业能力标准》分为6个一级指标，17个二级指标，58个三级指标，以及200余个观测点。一级指标中，职业道德践行能力是教师专业能力的核心，也是专业能力持续提高的动力。教育教学能力、研究与改革能力、服务能力是高等院校三大任务对教师的要求。专业能力凸显了本科层次职业教育层次要求。自我发展能力是教师专业能力发展的必然要求。二级、三级指标体现了本科职业教育的类型特征。创新创业能力、管理能力、沟通交流能力、产教融合校企合作能力、绿色技术、信息技术能力等则在指标的内容中进行体现。除此以外，本研究还按照教师专业能力发展阶段特点，编制了不同阶段的专业能力标准。《本科层次职业院校教师专业能力标准》见附件三。

第五节　对本科层次职业院校"双师型"教师标准的思考

"双师型"教师是职业教育领域的重要概念，是国家促进职业教育发展、加强职业教育教师队伍建设的重要抓手和突破点。建立科学合理的"双师型"教师评价标准是加强"双师型"教师队伍建设的关键环节和重要保障。从1995年原国家教育委员会以官方途径提出"双师型"教师的要求至今，职业界一直在探索"双师型"教师的认定标准。但是目前仍然对"双师型"教师的内涵缺乏统一的认识，"双职称""双能力论"的争论至今存在。人们依旧在批判评定标准与职称晋升条件同质，主要以学历、证书、论文数、大赛获奖等为依据，与实际工作岗位联系较少。因此，继续从学理角度深入研究"双师型"教师标准具有重要意义。

一、国家政策对职业院校"双师型"教师的要求

近几年，《国家职业教育改革实施方案》《深化新时代教育评价改革总体方案》以及教育部等四部门印发的《深化新时代职业教育"双师型"教师队伍建设改革实施方案》，明确了职业教育的重要地位以及健全"双师型"教师评价认定标准的重要性。《国家职业教育改革实施方案》指出"双师型"教师是同时具

备理论教学和实践教学能力的教师,并首次提出"双师型"教师入职标准。《深化新时代教育评价改革总体方案》要求健全"双师型"教师认定、聘用、考核等评价标准,突出实践技能水平和专业教学能力。《深化新时代职业教育"双师型"教师队伍建设改革实施方案》要求"推进以双师素质为导向的新教师准入制度改革""2020年起,除'双师型'职业技术师范专业毕业生外,基本不再从未具备3年以上行业企业工作经历的应届毕业生中招聘,特殊高技能人才(含具有高级工以上职业资格或职业技能等级人员)可适当放宽学历要求""制定'双师型'教师认定标准,将体现技能水平和专业教学能力的双师素质纳入教师考核评价体系"。

2022年10月,教育部办公厅发布《关于做好职业教育"双师型"教师认定工作的通知》(以下简称《通知》)。《通知》指出"坚持把师德师风作为衡量'双师型'教师能力素质的第一标准,强化对思想政治素质和师德素养的考察,师德考核不合格者在影响期内不得参加'双师型'教师认定,已认定的应予以撤销。要落实立德树人根本任务,遵循教育规律和技术技能人才成长规律,做到工学结合、知行合一、德技并修。要突出对理论教学和实践教学能力的考察,注重教学改革和专业建设实绩。要熟悉行业企业情况,具有相应的专业技能,以及行业企业工作经历或实践经验。"随《通知》下发的《职业教育"双师型"教师基本标准》,将"双师型"教师划分为中等职业教育和高等职业教育初级"双师型"教师、中级"双师型"教师、高级"双师型"教师。"双师型"教师除了要满足"贯彻党的教育方针""落实立德树人根本任务""具备相应的理论教学和实践教学能力""紧跟产业发展趋势和行业人才需要,具有企业相关工作经历,或积极深入企业和生产服务一线进行岗位实践"四条,还需要满足初级、中级、高级教师在教学、科研、技术服务方面的要求。

二、各省对职业院校"双师型"教师的认定标准

(一)安徽省职业院校"双师型"教师认定标准

安徽省高等职业院校"双师型"教师认定按校内专任教师和校外兼职教师两种类型,依据不同条件分别设置:高级"双师型"教师、中级"双师型"教师和初级"双师型"教师。本研究专注于校内"双师型"教师的认定要求。

1.初级"双师型"教师

具有高校教师系列中级及以上专业技术职务,并同时具备下列专业实践能力条件之一:①具有本专业或相近专业非教师系列初级及以上专业技术职称;②具有从事本专业或相近专业的高级技能(三级)职业资格证书;③具有从事本专业或相近专业的行业特许资格(执业资格)证书并参与行业企业具体案例、项目等

工作；④具有从事本专业或相近专业国家职业技能鉴定中级及以上考评员资格证书；⑤近五年中有一年以上（可累计计算）在企业第一线从事本专业实际工作经历，能指导学生专业实践实训活动；⑥近五年主持或主要参与（前3名）为企事业单位开展的各类技术研发和相关服务，成果已被企业使用，效益良好；⑦本人在B类及以上赛事中获得优秀奖，能全面指导学生专业实践活动，或近三年指导学生参加B类赛事取得一等奖以上，或近三年指导学生参加A类赛事取得三等奖以上；⑧参加省级及以上教育部门师资培训基地组织的"双师"教师培训，完成规定的培训内容，掌握相应专业的关键技能经考核合格并取得合格证书。

2. 中级"双师型"教师

具有高校教师系列中级及以上专业技术职称，并同时具备下列专业实践能力条件之一：①具有本专业或相近专业非教师系列中级及以上专业技术职称；②具有从事本专业或相近专业的高级技能（三级）职业资格证书，并在近五年内，有一年以上（可累计计算，单次不少于一个月）企业（或社会）实践工作经历，并取得由企业出具的相应的实践成果证明；③具有从事本专业或相近专业技师（二级）及以上职业资格证书；④具有从事本专业或相近专业国家职业技能鉴定高级考评员资格证书；⑤具有从事本专业或相近专业的行业特许资格（执业资格）证书并且每年承担行业企业具体案例、项目等工作1项以上；⑥有五年以上企业第一线专业技术工作经历，能全面指导学生专业实践实训活动；⑦近五年主持或主要参与（前3名）2项及以上为企事业单位开展的各类技术研发和相关服务，成果已被企业使用，效益良好；⑧本人在B类及以上赛事中获得一等奖以上，或本人在A类赛事中获得三等奖以上，能全面指导学生专业实践活动，或近三年指导学生参加A类赛事取得一等奖以上。

3. 高级"双师型"教师

具有高校教师系列中级以上专业技术职称且具有本专业或相近专业非教师系列高级专业技术职称，或具有高校教师系列高级专业技术职称且具有本专业或相近专业非教师系列中级以上专业技术职称。

具有高校教师系列高级专业技术职称，并同时具备下列专业实践能力条件之一：①具有从事本专业或相近专业的高级技能（三级）职业资格证书，并在近五年内，有两年以上（可累计计算，单次不少于一个月）企业（或社会）实践工作经历，并取得由企业出具的相应的实践成果证明；②具有从事本专业或相近专业技师（二级）职业资格证书，并在近五年内，有一年以上（可累计计算，单次不少于一个月）企业（或社会）实践工作经历，并取得由企业出具的相应的实践成果证明；③具有从事本专业或相近专业高级技师（一级）职业资格证书；④具有从事本专业或相近专业的行业特许资格（执业资格）证书并且每年承担行业企业具体案例、项目等工作 2 项以上；⑤本人在 A 类赛事中获得一等奖以上，能全面指导学生专业实践实训活动；⑥有十年以上企业专业技术工作经历，主持或主要参与（前 3 名）5 项及以上为企事业单位开展的各类技术研发和相关服务，成果已被企业使用，效益良好。

（二）江西省职业院校"双师型"教师认定标准

江西省高等职业院校"双师型"教师认定按校内专任教师和校外兼职教师两种类型，依据不同条件分别设置：高级"双师型"教师、中级"双师型"教师、初级"双师型"教师和兼职"双师型"教师。本研究专注于校内"双师型"教师的认定要求。

1. 初级"双师型"教师

具有高校教师系列初级及以上专业技术职务，并同时具备下列专业实践能力条件之一：①具有本专业或相近专业非教师系列初级及以上专业技术职称；②具有从事本专业或相近专业的高级技能（三级）职业资格证书；③具有从事本专业或相近专业的行业特许资格（执业资格）证书并参与行业企业具体案例、项目等工作；④具有从事本专业或相近专业国家职业技能鉴定中级及以上考评员资格证书；⑤近五年中有 1 年以上（可累计计算）在企业第一线从事本专业实际工作经历，能指导学生专业实践实训活动；⑥近五年主持或主要参与（前 3 名）为企事业单位开展的各类技术研发和相关服务，成果已被企业使用，效益良好；⑦本人在 B 类及以上赛事中获得优秀奖，能全面指导学生专业实践活动，或近三年指导学生参加 B 类赛事取得一等奖以上，或近三年指导学生参加 A 类赛事取得三等奖以上；⑧三年内参加省级及以上教育部门师资培训基地组织的"双师"教师培训，完成规定的培训内容，掌握相应专业的关键技能经考核为合格并取得合格证书。

2. 中级"双师型"教师

具有高校教师系列中级及以上专业技术职称，并同时具备下列专业实践能力条件之一：①具有本专业或相近专业非教师系列中级及以上专业技术职称；②具有从事本专业或相近专业的高级技能（三级）职业资格证书，并在近五年内，有一年以上企业（或社会）实践工作经历；③具有从事本专业或相近专业技师（二级）及以上职业资格证书；④具有从事本专业或相近专业国家职业技能鉴定高级考评员资格证书；⑤具有从事本专业或相近专业的行业特许资格（执业资格）证书并且每年承担行业企业具体案例、项目等工作 1 项以上；⑥有五年以上企业第一线专业技术工作经历，能全面指导学生专业实践实训活动；⑦近五年主持或主要参与（前 3 名）2 项及以上为企事业单位开展的各类技术研发和相关服务，成果已被企业使用，效益良好；⑧本人在 B 类及以上赛事中获得一等奖以上，或本人在A类赛事中获得三等奖以上，能全面指导学生专业实践活动，或近三年指导学生参加A类赛事取得一等奖以上。

3. 高级"双师型"教师

具有高校教师系列中级以上专业技术职称且具有本专业或相近专业非教师系列高级专业技术职称，或具有高校教师系列高级专业技术职称且具有本专业或相近专业非教师系列中级以上专业技术职称，或具有高校教师系列高级专业技术职称，并同时具备下列专业实践能力条件之一：①具有从事本专业或相近专业的高级技能（三级）职业资格证书，并在近五年内，有三年以上企业（或社会）实践工作经历；②具有从事本专业或相近专业技师（二级）职业资格证书，并在近五年内，有一年以上企业（或社会）实践工作经历；③具有从事本专业或相近专业高级技师（一级）职业资格证书；④具有从事本专业或相近专业的行业特许资格（执业资格）证书并且每年承担行业企业具体案例、项目等工作2项以上；⑤本人在A类赛事中获得一等奖以上，能全面指导学生专业实践实训活动；⑥有十年以上企业专业技术工作经历，主持或主要参与（前3名）5项及以上为企事业单位开展的各类技术研发和相关服务，成果已被企业使用，效益良好。

（三）福建省职业院校"双师型"教师认定标准

福建省职业院校"双师型"教师实行分类认定，各职业院校应依据教师不同专业技术岗位，按校内专任"双师型"教师（含校内长期内聘）与校外兼职"双师型"教师实行分类认定。"双师型"教师实行动态调整，各职业院校应每年开展一次"双师型"教师认定工作。"双师型"教师资格的有效期限为5年，在期限内应履行相应职责，有效期满，教师需重新申请"双师型"教师资格认定，以确保"双师型"教师队伍素质不断优化、质量不断提升。"双师型"教师实行职业导向，"双师型"教师认定实行"负面清单"制度，公共基础课教师，所教课程与获得的职业资格证书、企业实际经历等的专业方向不一致的专业课教师，非体育运动类职业院校（专业）的裁判员、教练员（其他专业领域的同类情况可参照）均不参与认定。

1. 专任"双师型"教师认定条件

①具有良好的政治思想素质、文化素质，熟悉职业教育教学基础理论，遵守国家职业学校教师职业道德规范。②具有本科及以上学历，获职业教育教师系列中级及以上专业技术职称的专任教师。③具有与所教专业相关的行业（协会）执业资格（或行业特许证），或人力资源和社会保障部门、行业主管部门颁发的与本专业相关的高级工及以上职业资格。

高职专任教师还需符合下列条件之二：①近5年，具有累计6个月以上到企业或生产服务一线实践或工作的经历，或累计1年以上在校内外实践基地从事本专业的实际工作经历，能全面指导学生专业实践活动。②入职前10年，具有与所教专业相关的企业实际工作经历3年及以上。③近5年，作为主要指导教师（前三位），指导青年教师、学生参加行政部门组织的职业技能、创新创业等大赛并获得市级（高职院校校级，下同）二等奖以上或省级三等奖以上奖项。④近5年，作为主要成员（前三位），获得行政部门组织的教师教学技能、专业实践技能比赛（中高职教师组）市级二等奖以上、省级三等奖及以上奖项。⑤近5年，作为主要成员（前三位），参加市级及以上工程项目设计、研发或技术改造攻关，成果被企业使用或得到市级及以上政府嘉奖，或获得相关专业的专利一项，或获得相关专业市级及以上科技进步奖、发明奖，或主持职业教育市级以上课题研究、参加（前三位）省级以上课题研究。⑥参加过省级教育行政部门组织的国家级、省级专业骨干教师培训并通过考核合格。

2. 专任"双师型"教师职责

专任"双师型"教师认定每年进行一次。"双师型"教师资格的有效期限为5年，有效期满，教师要重新申请资格认定。聘期内参照认定条件，需产生新成果，以作为续聘的重要依据。①积极参加由教育部或省教育厅组织的与专业相关的职业院校教师素质提高计划相关培训，完成规定的培训内容，掌握相应专业的关键技能或知识，并取得考核合格证书。②每学年应至少承担一门专业课教学工作。③5年有效期内，应公开发表1篇（第一作者或独立撰写）与本专业相关的学术论文，或主持（第一作者）本专业相关的应用技术与实践性课程开发、撰写教学改革的调查研究报告、制订教改实施方案等至少一项。5年有效期内，除完成以上基本职责外，高职专任教师还需履行下列职责之二：①在行业、企业一线从事相关专业的生产服务累计六个月及以上。②作为主要指导教师（前三位），指导学生或青年教师或本人参加省级及以上的职业技能、创新创业大赛等，并取得市级一等奖、省级三等奖及以上成绩。③作为主要成员（前三位），与企业或相关科研机构开展应用技术研发，或向市级及以上政府机构提供与专业相关的决策咨询服务，实现科研转化。④作为主持人，获得与专业相关的研究项目支持经费，其中中职学校"双师型"教师达到0.5万元以上，高职院校"双师型"教师达到1万元以上。⑤作为主要成员（前三位），获得省级教学成果奖与专业相关的省级及以上重大教学改革或科研项目（经费达10万元以上）。

（四）对省级"双师型"教师认定标准的思考

目前，省级"双师型"教师资格认证标准具有以下共性，第一，"双师型"教师是我国职业教育师资队伍专业化的本质体现，其资格认证标准是使"双师型"教师达到职业专业标准的根本遵循。省级教育行政部门在制定"双师型"教师资格认证标准时，大都将教师资格证书和行业职业技能证书或相关专业职业技能资格证书作为认证标准的基本条件。第二，职业教育专业知识和基于情境的实践性知识与能力是"双师型"教师教学能力的关键要素，专业知识能力和专业实践能力亦是省级"双师型"教师资格认证标准的核心内容。省级"双师型"教师资格体现了综合能力导向的专业标准，重视"双师型"教师的双能素质。第三，中职与高职标准分设，体现认定层次区别性特征。中等职业学校与高等职业院校的人才培养目标规格和要求不同，对"双师型"教师的能力要求也有所差异。"双师型"教师资格认证标准按职业教育的层次进行划分，对中等职业学校"双师型"教师认定和高等职业院校"双师型"教师认定设置不同的认定标准。第四，各省份的高等职业院校"双师型"教师认定办法对教师专业技术职务资格、专业实践能力或专业教学能力基本条件有明确的要求，部分省份按校内专任教师和校外兼职教师两种类型，依据不同条件分别设置初级、中级、高级"双师型"教师标准。

从实践效果看，在省级"双师型"教师认证标准的指导下，各院校制定的"双师型"教师标准也与拥有的专业技术职务证书、工程系列技术职务证书、职业资格证书、获得的荣誉证书、主持的"项目"、发表的"论文"等挂钩，由于未将具体的"双师型"教师岗位工作能力考核内容纳入"双师型"教师的"认定标准"中，使得认定的结果不能体现教师的真实"双师素质"，直接影响了师资队伍"双师化"建设的质量。另外，无论初级、中级、高级都以拥有的证书作为评审条件，忽视了不同阶段教师专业能力的特点和提升方法，缺少引导性。

三、对本科层次职业院校"双师型"师资队伍认定标准的建议

本研究认为，作为以"双师型"教师培养及认定为主体的各本科职业院校，应遵照国家制定的基本政策导向及教师专业发展的规律，参考本研究制定的标准，对"双师型"教师资格认定采取"科学分级、逐级认定"的方法（如图7-1所示）。

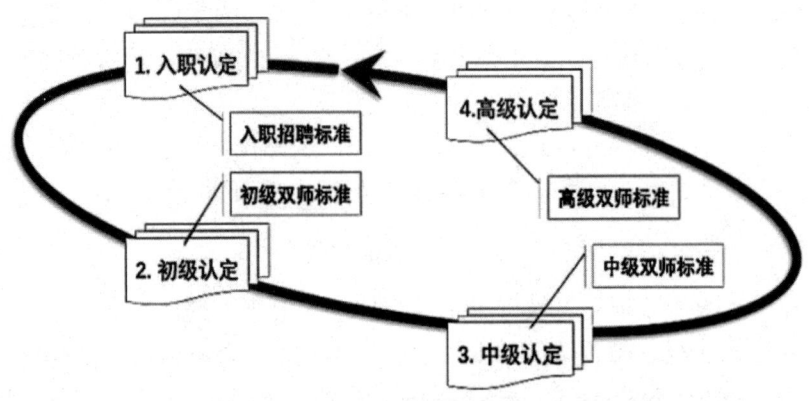

图7-1 本科层次职业院校"双师型"教师认定过程

入职认定是指本科层次职业院校教师成为"双师型"教师的潜质，可通过是否获得毕业证书与职业资格等级证书或职业技能等级证书进行认定，就职业本科双师型教师来说，入职认定宜获得相关专业本科及以上学历，以及国家职业资格三级证或高级职业技能等级证及以上水平。

初级认定应在教师专业能力进入迁移期时进行（大体相当于中级职称），这时教师的教学、科研能力已经较刚入职时有了较大提升。能力发展的重点将转向对新理论、新方法、新模式的学习与掌握上。所以，认定的标准应着重体现教师参加各级各类学习的效果及参与实际工作的业绩上。

中级认定应在教师专业能力进入深化期进行、高级专业认定应在教师专业能力进入创新期进行，这两个时期，教师已经形成了新思想，掌握了新技术，熟练驾驭新模式，需要将个体经验上升到理性层面，继而能对实际情况进行应用模式研究或创新研究。因此，职业本科教师中级、高级认定除具备相应的资格证书外，还要重点考察教师的理论水平。

附 件

附件一　山东工程职业技术大学
专任教师岗位聘期任务与考核的指导意见

按照《教育部关于深化高校教师考核评价制度改革的指导意见》和学校相关文件规定，结合学校实际情况，现制定本指导意见。

一、教授

（一）工程技术型教师

1. 教学业绩

年均教学工作量 320 学时及以上（其中，1 门课程必须为本科生课程或通识类选修课程）。

2. 教研、科研业绩

A、B 为必选项，C、D、E、F、G、H、I、J、K、L 任选两项，M、N、O 选择一项。

A. 第一作者在国（境）外正式出版的刊物或国内正式期刊 SCI、SSCI、EI（期刊）、A&HCI、CSSCI 发表论文（作品）1 篇，或第一作者在全国中文核心期刊要目总览索引目录期刊、EI（会议，仅限 1 篇）、CSCD 源期刊论文（艺术学可包含 SCD 期刊）发表的学术论文 2 篇（艺术学岗位可含第一作者在全国中文核心期刊要目总览索引目录期刊发表学术论文 1 篇和作品 1 篇）；

B. 第一作者出版学术专著或译著 1 部；

C. 获得国家级科研成果奖励前 8 位或获得省部级科研成果奖励三等奖及以上前 2 位；

D. 省级以上教学、科研团队前 2 位；

E. 主持立项或完成省部级以上科研项目 1 项以上，或主持立项或完成市厅级项目 2 项，或参与完成省部级以上科研项目 2 项（前 3 位），或主持纵向项目累计到账经费自然科学类 10 万元以上，人文社会科学类 5 万元以上，或主持横向课题累计到账经费自然科学类 40 万元以上，人文社会科学类 20 万元以上；

F. 主持立项、完成或参与立项、完成（前 2 位）省级重点学科、省级人文社会科学研究基地、省级工程研究中心、协同创新中心、技能大师工作室等省级科研平台；

G. 以学校为专利权人的发明专利和实用新型以及以学校为著作权人的计算机软件登记著作权 2 件，其中实用新型或者计算机软件著作权二选一且不能超过 1 件；

H. 主持制定 1 项国家标准；

I. 主持编写并以学校为第一单位报送的决策咨询报告获省部级及以上主要领导（在党委、政府部门担任副省部级及以上实职的）肯定性批示 1 件；

J. 组织建设省级以上工程研究中心、协同创新中心、重点实验室或技术技能大师工作室；

K. 主持一项产学研项目并取得良好社会经济效益；

L. 参与学校组织的社会培训等工作；

M. 获得省级以上教学名师、优秀教师荣誉称号；

N. 主编省部级或以上规划教材 1 部；

O. 主持立项或完成省部级及以上教学项目 1 项，或参与完成省部级以上教学项目 2 项（前 2 位），或主持立项或完成教育部产学合作协同育人项目 2 项。

（二）教学型教师

1. 教学业绩

年均教学工作量 480 学时及以上（其中，1 门课程必须为本科生课程或通识类选修课程）。

2. 教研、科研业绩

A、B 为必选项，C、D、E、F、G、H 任选两项，I、J、K、L、M、N 选择一项。

A. 第一作者在全国中文核心期刊要目总览索引目录期刊、EI（会议，仅限 1 篇）、CSCD 源期刊（艺术学可包含 SCD 期刊）发表学术论文 2 篇以上（艺术学岗位可含第一作者在全国中文核心期刊要目总览索引目录期刊发表作品 1 篇）；

B. 主编省部级或以上规划教材 1 部，或第一作者出版学术专著或译著 1 部；

C. 获高等教育国家级教学成果奖前 8 位或省级教学成果奖三等奖以上前 2 位；

D. 获得省级以上教学名师、优秀教师荣誉称号；

E. 省级以上教学、科研团队前 2 位；

F. 主持立项或完成省部级及以上教学项目 1 项，或参与完成省部级以上教学项目 2 项（前 2 位），或主持立项或完成教育部产学合作协同育人项目 2 项；

G. 负责与产教融合型企业、高端行业或行业高端优质企业洽谈，建设校外实训基地；

H. 参与学校组织的社会培训等工作；

I. 获得国家级科研成果奖励前 8 位或获得省部级科研成果奖励三等奖以上前 2 位；

J. 主持立项或完成省部级以上科研项目 1 项以上或主持立项或完成市厅级项目 2 项，或主持纵向项目累计到账经费自然科学类 10 万元以上，人文社会科学类 5 万元以上，或主持横向课题累计到账经费自然科学类 40 万元以上，人文社会科学类 20 万元以上；

K. 主持立项、完成或参与立项、完成（前 2 位）省级重点学科、省级人文社会科学研究基地、省级工程研究中心、协同创新中心、技能大师工作室等省级科研平台；

L. 主持学校组织的各类重大项目的申报材料及立项；牵头学院主要项目并立项；

M. 以学校为专利权人的发明专利和实用新型以及以学校为著作权人的计算机软件登记著作权 2 件，其中实用新型或者计算机软件著作权二选一且不能超过 1 件；

N. 主持一项产学研项目并取得良好的社会经济效益。

二、副教授

A、B、C、D 为必选项，E、F、G 任选一项，H、I、J 选择一项。

A. 第一作者在 CSSCI 扩展版期刊、全国中文核心期刊要目总览收录的期刊、CSCD 来源期刊等同类（不含 EI 会议）或者高类别期刊上发表社科类、教育类和管理类的论文 1 篇；

B. 主持专业建设、课程建设、梯队建设或实验室建设，指导、培养本专业青年教师 2 名；

C. 主持或参与学校组织的各类重大项目的申报材料及立项（前 3 位），牵头学院主要项目并立项；

D. 参与学校组织的社会培训等工作；

E. 获省级科研成果奖励三等奖及以上，或获得省级及以上教学成果奖，或校级科研成果奖励一等奖；

F. 参编教材 1 部（前 3 位）；

F. 作为第一指导教师指导学生参加省级以上赛事并获三等奖及以上；

G. 参与省级以上教师教学技能大赛并获三等奖及以上；

H. 参与完成国家级科研、教研项目（前 5 名），或省部级科研、教研项目（前 4 名），或市厅级科研、教研项目（前 3 名），或主持完成校级科研、教研项目 1 项及以上，或主持纵向项目累计到账经费 4 万元以上，或主持横向课题累计到账经费 10 万元以上；

I. 以学校为专利权人的发明专利和实用新型以及以学校为著作权人的计算机软件登记著作权 1 件；

J. 主持一项产学研项目并取得良好的社会经济效益。

三、讲师

A、B、C 为必选项，D、E、F、G、H、I、J 任选一项。

A. 参与专业建设、课程建设、梯队建设或实验室建设；

B. 参与学校组织的社会培训等工作；

C. 完成学校要求的各类培训；

D. 获国家级科研成果优秀奖及以上，或省级科研成果奖励三等奖及以上，或校级科研成果奖励一等奖前 2 位或二、三等奖第 1 位；

E. 参编教材 1 部（前 4 位）；

F. 参与完成国家级科研项目（前 6 名），或省部级科研项目（前 5 名），或市厅级科研项目（前 4 名），或主持完成校级科研项目 1 项及以上，或参与完成校级及以上科研项目 2 项；

G. 第一作者在 CSSCI 扩展版期刊、全国中文核心期刊要目总览收录的期刊、CSCD 来源期刊等同类（不含 EI 会议）或者高类别期刊上发表学术论文 1 篇；

H. 作为第一指导教师指导学生参加省级及以上赛事并获奖；

I. 参与省级以上教师教学技能大赛并获奖；

J. 参与一项产学研项目。

四、助教

A、B、C 为必选项，D、E、F、G 任选一项。

A. 参与专业建设、课程建设、梯队建设或实验室建设；

B. 参与学校组织的社会培训等工作；

C. 完成学校要求的各类培训；

D. 参与完成校级以上科研项目前 6 位；

E. 参与编写教材或著作 1 部；

F. 第一作者发表学术论文 1 篇；

G. 参与一项产学研项目。

附件二 山东工程职业技术大学"双师型"教师认定及培养方案

为了深入贯彻《中共中央 国务院关于全面提升新时代教师队伍建设改革的意见》《中共山东省委 山东省人民政府关于全面深化新时代全省教师队伍建设改革的实施意见》《深化新时代职业教育"双师型"教师队伍建设改革实施方案》等文件精神，进一步落实学校"双师型"师资队伍建设五年行动方案，建成一支师德高尚、技艺精湛、专兼结合、充满活力的高素质"双师型"教师队伍，现结合我校实际，制订本方案。

第一章 认定标准

第一条 "双师型"教师泛指同时具备教育和专业技术两个领域的知识、能力和素质，既是一个合格的教育工作者，又具有相应的专业实践经验或应用技术技能的复合型人才。

第二条 基本条件：具有良好的职业道德素养；具有高校教师资格证；教学工作量符合学校要求；具有扎实的专业知识水平和专业应用能力；具有企业工作经验或企业实践经验，能指导学生专业实践、实训活动；完成学校规定的企业实践培训任务。

第三条 业绩条件：

1. 初级"双师型"教师

具有高校教师系列中级及以上专业技术职务资格，并同时具备下列条件：

（1）硕士研究生及以上学历；

（2）具备与任教专业相关的国家职业资格二级证或技师证及以上水平；

（3）具备与任教专业相关的信息技术等级证书；

（4）完成学校要求的各种培训；

（5）近三年参与专业、课程建设工作5项，产学研项目1项。

2. 中级"双师型"教师

具有高校教师系列高级及以上专业技术职务资格，并同时具备下列条件：

（1）硕士研究生及以上学历；
（2）具备与任教专业相关的国家职业资格二级证或技师证及以上水平；
（3）具备与任教专业相关的信息技术等级证书；
（4）近三年参与专业、课程建设工作5项，形成典型案例1项，在省级及以上范围推广；
（5）近三年参与产学研项目1项，担任实质性工作，产生明显社会经济效益。

3.高级"双师型"教师

具有高校教师系列高级及以上专业技术职务资格，并同时具备下列条件：
（1）硕士研究生及以上学历；
（2）具备与任教专业相关的国家职业资格二级证或技师证及以上水平；
（3）具备与任教专业相关的信息技术等级证书；
（4）近三年带领团队参与产学研项目1项，产生明显社会经济效益；
（5）近三年带领团队参与省级以上专业课程建设工作1项，在核心期刊及以上发表论文1篇。

第二章 认定程序

第四条 "双师型"教师认定每年进行一次，具体程序如下：
（1）学校组织人事处发布认定通知；
（2）教师个人提出申请，填写"山东工程职业技术大学'双师型'教师认定申请表"，并提交相关支撑材料；
（3）所在单位对申报人员材料进行初审，提出审核意见；
（4）组织人事处会同教务处对申报材料进行审核，对符合认定条件者提交教学指导委员会评审认定；
（5）提交学校审议；
（6）公示；
（7）颁发"双师型"教师资格认定证书。

第三章 培养途径

第五条 二级学院是"双师型"教师培养的主体和责任单位。二级学院要积极探索"双师型"教师培养路径，通过但不限于校企共建"教师培养培训基地""名师工作室""技能大师工作室""一师一企"等方式，培育适合职业教育发展的"双师型"教师队伍。

第六条 教师培养培训基地建设。每个特色产业学院至少建立 1 个教师培养培训基地，在教师和员工培训、课程开发、实践教学、技术成果转化等方面开展深度合作，推动教师立足行业企业，开展科学研究，服务企业技术升级和产品研发，引导企业深度参与教育教学改革，促进校企人员双向流动相互兼职。

第七条 名师工作室建设。每位校级名师组建 1 个名师工作室，以 3 年为一周期，在周期内要培养 8～10 名专业骨干教师。工作室要集教学、教研、培训于一体，多渠道全方位地引领教师专业成长，培养一批懂理论能操作的专、兼职"双师型"教师，形成教学创新团队。

第八条 技能大师工作室建设。每位校级技能大师组建 1 个技能大师工作室，以 3 年为一周期，在周期内要培养 8～10 名技术能手。工作室要立足于技能技艺的传承与发展，开展行业企业共性技术攻关，工程、工艺改造等技术服务，将专业创新成果和核心技术产业化，形成技术服务创新团队。

第九条 落实一师一企制度。每位专任教师至少联系对接一家行业企业，每学期不少于一次到行业企业调研、实习、科研、学习，参与行业企业的有关活动，与该行业企业保持长期、稳定、深入的联系和合作；积极推荐和联系行业企业技术、管理人员参与学校教学活动，促使所联系行业企业成为本专业兼职教师的稳定来源地。

第四章 管理与考核

第十条 "双师型"教师队伍建设纳入各教学单位的"一把手"工程，指派专人负责"双师型"教师培养工作，确保每位专任教师能通过相应方式进行双师素质培养，保证专业课教师每年至少累计 1 个月以多种形式参与企业实践或实训基地实训。

第十一条 鼓励专任教师全职"下企业"，各二级学院负责本学院教师下企业的日常管理工作：

（1）工作任务书制度。各二级学院要与下企业教师签订工作任务书，对下企业的教师提出具体明确的工作目标。

（2）严格考勤制度。各二级学院要通过手机定位刷卡、企业考勤记录等手段，切实保证教师下企业不流于形式；下企业教师因故离岗，须同时向学院、企业两方以书面形式请假，对擅自离岗的教师按旷工处理；下企业教师与在岗教师统一纳入学校考勤管理。

（3）落实工作报告制度。每学期末，各二级学院要收集本学院教师学期内下企业实践工作总结。

（4）落实定期抽查制度。每学期内，各二级学院不定时抽查教师实践情况，听取企业反馈意见，学院期末总结要体现本学院教师下企业实践内容。

（5）建立下企业档案。各二级学院要建立本学院教师下企业实践档案，档案中要包括工作任务书、考勤记录、工作报告、企业反馈评价、成果证明等内容。

第十二条 通过培养，到2022年，各二级学院通过"双师型"认定的专任教师比例达到90%。

第五章 支持与激励

第十三条 学校为每个"教师培养培训基地""名师工作室""技能大师工作室"提供10万元/每年的专项经费，用于基地或工作室的建设与运行，经费可用于专职教师与企业高技能型人才双向交流过程中所需的培训费用等支出。

第十四条 由单位安排全职下企业的教师，保留工资及相关福利待遇，实践结束并通过部门考核后，奖金和津贴（岗位津贴照常发放以鼓励全职下企业）按100%计发。

第十五条 符合高技能型兼职教师认定标准的企业兼职教师，其课酬可按学校兼职教师标准的4倍发放。

第十六条 "双师型"教师是选拔骨干教师、专业负责人、专业带头人、教学名师的必备条件。

第十七条 本办法自文件下发后施行。本办法由组织人事处负责解释。

附件三 本科层次职业院校教师专业能力标准

一级指标	二级指标	三级指标	适应	迁移	深化	创新
职业道德践行能力	遵纪守法	坚定政治方向	坚持以习近平新时代中国特色社会主义思想为指导，拥护中国共产党的领导；贯彻党的教育方针；在教育教学活动中及其他场合维护党中央权威、坚持党的路线方针政策	不断学习习近平新时代中国特色社会主义思想；自觉学习如何运用党的路线方针政策开展教育教学活动	能够灵活运用党的教育方针设计教育教学活动	针对实际情况，带领团队，运用党的教育方针政策，创造性地开展教育教学活动
		自觉遵守宪法	忠于祖国，忠于人民，恪守宪法原则，遵守法律法规，依法履行教师职责；遵守社会公序良俗，维护社会公众利益	不断学习法律法规和先进模范事迹，提升自己维护社会公众利益的能力	能够运用所学的知识和技能，宣传社会公序良俗，为社会公众利益服务	发现维护社会公众利益的政策、环境、设备、工艺等的缺陷，带领团队创造性地提出修改建议或开发新制度、设备等，并被有关机构采用
		遵守校规校纪	遵守校规校纪	带头示范校规校纪	基于现实情况和国家政策对校规校纪提出修改建议	设计校规校纪的改进方案，并推测教育政策更新所产生的影响
	道德示范	理想信念	学习贯彻习近平新时代中国特色社会主义思想，学习习近平总书记关于教育的重要论述，以及党史、新中国史、改革开放史和社会主义发展史内容，形成对中国特色社会主义的思想认同、政治认同、理论认同和情感认同，有道德情操，践行社会主义核心价值观	坚持学习习近平新时代中国特色社会主义思想，坚持向先进模范学习，知行合一，在课堂教学、课外实践、理论研究、实地调研等多个教育教学环节形成社会主义核心价值观的践行能力；树立职业理想，用成就动机、责任动机激励自己，成为有理想信念、有道德情操、有扎实学识、有仁爱之心的好老师	坚持习近平新时代中国特色社会主义思想有深入理解，能在多个教育教学环节示范社会主义核心价值观实践；能够教学校践行教师核心价值观建设过程的相关制度进行研究，提出修改建议	能够将带领团队践行社会主义核心价值观中取得的经验，上升为理论并进行推广
		立德树人	知道立德树人的内涵，掌握立德树人基本途径与方法，能够在教育实践中按照立德树人的要求，依据德智体美劳全面发展的教育方针开展教育教学，积累培养高层次劳动者和技术技能人才的经验	在实践教育教学工作中，理解立德树人的内涵，学习立德树人途径和新方法；理解本科层次职业教育内涵，包括类型与层次特征；深入学习如何将本科层次职业教育内涵融合在教育教学设计与实践中	熟练应用多种立德树人的方法；研究、宣传本科层次职业教育理念；运用、宣传与本科层次职业教育相关的教育教学方法	能够带领团队探索立德树人的新途径，进行推广；能够带领团队与本科层次职业教育相关的教育教学方法，并将其上升为理论层次，进行推广
		师德准则	具有依法执教意识，遵守宪法、民法典、教育法、职业教育法、教师法等法律法规，在教育实践中履行应尽义务，自觉维护学生与自身的合法权益；遵守《新时代高校教师职业行为十项准则》《中小学教师职业道德规范》，能分析解决教育教学实践中的基本道德规范问题	不断学习理解相关法律法规，在教育实践中能履行尽义务，自觉维护学生与自身的合法权益；学习、分析解决教育教学实践中较为复杂的道德规范问题	率先垂范	带领团队教师同步提高师德水平
涵养教育情怀		职业认同	认同教师工作的价值在于传播知识、传播思想、传播真理、塑造灵魂、塑造新人；了解本科层次职业教育教师的职业特征，认同促进学生职业技术修为有个性发展的职业教育理念	在实际工作中，理解教师是学生学习的促进者与学生成长的引路人，领会职业教育对学习职业教育事业新发展的价值和意义，不断加深对教育事业的感情	具有家国情怀，热爱职业教育事业	带领团队教师提高职业认同
		关爱学生	公正平等地对待每一名学生，关注学生健康发展；保护学生安全，促进学生身心全面发展；尊重学生的人格和学习发展的权利，具备相应的教学经验、技能训练与品德养成相结合的基本教育教学技能	在工作中确立人人成才的观念，能够主动向其他教师学习职业教育新理论与新技能，开展以学生为中心的教育教学活动	关注学生的个体差异，有能力在多种背景环境下，引导学生自主学习、自强自立，养成良好的学习习惯；有能力利用现有的条件，营造良好的学习与氛围，支持学生的自主发展和就业创业	做学生锤炼品格、学习知识、创新思维、奉献祖国的引路人；整合各种资源创造性地为学生个性化发展、就业创业提供条件
		用心从教	初步理解本科层次职业教育与普通教育同层次不同类别的教育观念，在教育实践中能够认真履行教育教学职责，具有爱心、责任心，工作细心、耐心	在教育教学实践中树立爱岗敬业精神，有能力向先进模范学习，钻研技术、研究教育	能够在本科层次职业教育的多个环节熟练运用多种教育方法和手段	对各种教育教学方法融会贯通，能够带领团队探索具有中国特色的高层次技术技能人才培养模式和方法
		传播优秀文化	践行社会主义核心价值观，弘扬真善美，传递正能量	自觉地适应时代文化的发展要求，传播由时代文化发展出来的新文化观念，培养符合时代要求的人才	积极探索适应时代文化的发展要求，传播由时代文化发展出来的新文化观念，培养符合时代要求的人才	带领团队开展相关研究，并上升到理论层面进行推广
		自身修养	具有健全的人格和积极向上的精神，能够进行情绪调节，能比较得体地处理问题；掌握一定的自然和人文社会科学底蕴、传承中华优秀传统文化，具有人文底蕴、科学精神、职业素养和审美能力；仪表整洁，语言规范健康，举止文明礼貌，符合教师礼仪要求、教育教学场景和职场规范要求	在工作中不断学习，掌握灵活处理工作问题的方法和较为广博的自然和人文社会科学知识	—	能够处理工作中的复杂问题，成为教学（科研）创新团队带头人；有能力在国家平台上和国际环境中交流
弘扬工匠精神		遵守工程伦理	致力于在教育教学中传授工程实践的职业道德、责任和规范	在工作中，不断加深对工程实践的健康、安全和法律问题的责任的认知，研读工程解决方案和本科和环境背景下的影响的案例，并学习如何在教育教学中传授工程实践的职业道德、责任和规范	掌握多种在教育教学中传授工程实践的职业道德、责任和规范的方法；在产学研合作中，考虑解决方案对社会和环境可能造成的影响	能够将教育教学、产学研合作中的案例，上升到理论层面，并进行推广
		践行工匠精神	展示质量意识、服务意识、竞争意识、责任意识；初步具备在教育教学中培养学生工匠精神的能力	在专业实践和教育教学全过程的多个环节中建设培养学生工匠精神的教学资源和教学方式方法；不断学习、运用在教育教学中传授学生工匠精神的方法	掌握多种在教育教学全过程的多个环节中建设培养学生工匠精神的教学资源和教学方式方法；积极开展培养学生工匠精神的课题研究	融会贯通建设培养学生工匠精神的教学资源的要求和方法，以及多种教学教学方式方法；能够带领团队创造性地开展相关工作，并将其上升到理论层面，进行推广

续表

一级指标	二级指标	三级指标	适应	迁移	深化	创新
专业认知能力	专业知识	专业知识	具有与任教专业相同或相关专业本科以上学历；掌握与专业相关的绿色知识与信息知识	坚持学习，取得硕士研究生及以上学历/学位；作为骨干参与市级以上工程技术研究，提升专业知识水平；不断学习新的与专业相关的绿色知识与信息知识	能够参与省级以上，包括信息技术、绿色技术在内的工程技术研究，并作为骨干担任实质性工作，取得专利或在核心期刊发表论文，掌握与本学科专业联系紧密的相关学科知识	主持省级以上，包括信息技术、绿色技术在内的工程技术研究，在工程科技的前沿领域和发展趋势中，找到自身工程技术研究的主要方向，并取得成绩
		讲授课程专业知识	掌握讲授课程的知识；掌握讲授课程相关的绿色技术知识与信息技术知识	熟练掌握讲授课程的知识，包括绿色技术知识与信息技术知识，在教学科研工作中，不断进行深度延伸、广度扩展	系统研究、主要讲授2-4门密切关联的课程，熟练掌握相关联的专业知识，包括绿色技术知识、信息技术知识	——
		接口课程专业知识	知道与所讲授课程前后、左右接口课程的基本内容，课程之间的接口要求和课程培养目标	熟悉与所讲授课程前后、左右接口课程的基本内容，课程之间的接口要求和课程培养目标	——	——
专业能力		服务企业岗位特定知识	知道所服务企业岗位需要的特定专业知识和职场知识	熟悉所服务企业岗位需要的特定专业知识和职场知识	——	——
	专业技术技能	专业技术技能	具备与任教专业相关的国家职业资格三级或高级职业技能等级证；每年参加行业企业组织的技术交流、学术研讨、成果评定会议；坚持到与专业相关的企业从事实际技术开发、复杂操作岗位工作，提高专业技术能力	具备与任教专业相关的国家职业资格二级或技师证及以上水平；具备信息技术、绿色技术专项职业能力证书；能够在产学研合作中进行工程技术设计工作，在工作中考虑企业智能化发展、绿色发展并取得实质性成绩	能够在产学研合作中进行工程技术创新工作，担任实质性工作，取得明显社会经济效益；能够服务行业企业智能化转型；能够服务行业企业、社区可持续发展工作	能够带领团队开展产学研合作，取得明显社会经济效益；加入省、市级政府招标、技术成果评审的专家库，包括在行业协会、领导职务，在行业、企业技术领域具有较高影响力，且近3年至少有一项实质性工作成果；作为专家参与行业、企业制定相关标准、行规，或参与技术鉴定、成果评审工作
		讲授课程实技	具备讲授课程的实践技术技能，并达到国家职业资格三级或高级职业技能二级及以上水平	具备与任教课程相关的国家职业资格二级或技师证及以上水平	——	——
		服务企业岗位特定技术技能	具备所服务企业岗位所需要的技术技能，包括信息技术、绿色技术	熟练掌握所服务企业岗位所需要的技术技能，包括信息技术、绿色技术	——	——

续表

一级指标	二级指标	三级指标	适应	迁移	深化	创新
教育教学能力	人才培养方案修订	人才培养方案调研与数据分析	通过参与专业人才培养方案设计工作，理解专业人才培养方案的内容；积极参与专业人才培养方案设计相关的社会调研、数据信息分析活动；能够应用数字技术进行调研和分析	制定行业企业联系网络，制订行业联系计划，走访、联络相关行业；关注行业发展趋势，参与相关研究及培训，及时反馈行业信息	根据调查、收集和分析相关行业企业需求及发展预测，提出对学校专业建设、课程建设和教育教学改革有益的建议；选择适合的数字技术加强调研和分析工作的范围、敏捷性、准确性	带领团队采用新技术，包括新信息技术进行调研分析
		设计、编写	按照设计方案，参与专业人才培养方案设计、编写	—	设计专业人才培养方案，建设德育课程体系、创新创业课程体系、信息技术课程体系、绿色技术课程体系等；设计能体现学校办学特色的课程体系	带领教师设计高层次学徒制、模块化课程等具有领先水平的专业人才培养方案
		审核完善	—	参与专业人才培养方案的初审	负责审核、完善和上报专业人才培养方案	负责审核、完善和上报高层次学徒制、模块化课程等具有领先水平的专业人才培养方案
		组织管理	知道国家对本科层次职业教育人才培养要求；知道学校的办学特色；知道上级主管部门和学校关于制订人才培养方案制定的程序文件	在实际工作中深入理解国家对本科层次职业教育人才培养要求和学校办学特色；能按照程序要求完成专业人才培养方案制订的相关工作	组织、指导教师开展相关社会调研活动和方案编写；组织教师编制专业人才培养方案；能够通过专业人才培养方案制定进一步凝练办学特色；发现学校专业人才培养方案相关制度文件存在的问题，并提出修改建议；作为骨干，参与省级以上专业人才培养方案制订的研究工作，并形成典型案例	带领团队教师开展省级以上专业人才培养方案编制的研究工作，并将研究成果上升到理论层面进行推广；能够带领团队教师完成学校专业人才培养方案相关制度文件的修改、完善、制定工作；针对上级主管部门关于专业人才培养方案相关制度文件存在的问题，提出建议
	课程标准开发	课程标准调研数据分析	积极参与课程相关的岗位调研、数据分析工作；能够应用数字技术进行调研和分析		选择适合的数字技术进行调研	带领团队，引进最新数字技术进行调研
		设计、编写	参与课程标准设计、编写	参与课程标准的设计、编写，能够将新技术、新工艺、新规范引入课程；能够将数字技术、绿色技术引入课程	策划设计理论课程、试验课程、实训课程标准编制要求，包括对数字技术、绿色技术的要求	策划设计项目化课程、模块化课程课程标准编制要求；开展包括信息技术、新技术/新工艺/新规范研究，并将研究成果上升到标准层面，并对国家现行标准、国际相关标准提出建议咨询
		审核完善	—	负责课程标准的初审	负责课程标准的审核与完善	负责审核项目化课程、模块化课程课程标准
		组织管理	知道本科层次职业教育课程标准和学生职业能力内涵要求；知道上级主管部门、学校关于项目化课程、在线精品课程、模块化课程建设等的要求；能够应用数字技术进行调研和分析	在工作中，熟悉职业教育课程标准和学生职业能力内涵要求；明确上级主管部门、学校关于项目化课程、在线精品课程、模块化课程等建设要求	组织、指导教师开展相关岗位调研活动和方案；选择适合的数字技术进行相关调研活动；承担课程标准设计、编写工作；组织教师实施、修订课程标准；发现课程标准制定规定性文件存在的问题，并提出建议；能够通过课程标准制定进一步凝练专业特色作为骨干承担省级以上课程标准制定工作形成典型案例，进行推广	带领团队教师开展课程标准编制的研究工作，并将研究成果上升到理论层面进行推广；引进最新的数字技术进行相关调研；能够带领团队教师完成学校课程相关制度文件的修改、完善、制定工作；针对上级主管部门关于课程相关制度文件存在的问题，提出建议
	教学方案设计	职业道德素养设计	将行业职业道德规范和法律法规恰当地融入教材、教学方案之中；将公民道德内容恰当地融入教材、教学方案之中，使之与教学内容相吻合并起到正面的激励作用；将企业文化与教学内容、专业知识进行融合；将社会上发展的职业道德、职业素质案事件及时融入课程教学内容中，理论联系实际；将工程技术对社会、环境影响的案例纳入教材和教学方案之中，对学生进行可持续发展理念的教育	在教育教学实践中，丰富职业道德、素养和工程伦理知识	能够将职业道德、职业素养、工程伦理与专业、课程知识进行融合，构建模块化、系统化教学体系；积极开展相关研究，形成典型案例加以推广	能够带领团队，开展职业道德、工程伦理、职业素养与教材、教学方案相融合方面的研究，并将研究成果上升到理论层面进行推广
		教学方法教具设计	根据课程内容、培养目标，了解、分析学生的接受能力和班级学风，教学方法比较合理的教学过程；利用多媒体教学资源、网络资源和实物开展教学，使复杂问题变得简单易懂；能够开展线上线下混合教学	在实践教育教学工作中，学习掌握包括行动导向等多种教学方法，有意识地将信息技术与传统教学手段相融合；作为骨干承担市级以上课题	熟练掌握行动导向教学法等多种学习方法，灵活运用，能够以学生为中心，强化学生在学习过程中的主动性、互动性、启发性和实践性；能够积极开展项目化教学、行动导向教学，取得实质性效果；作为骨干承担省级以上课题，形成典型案例加以推广	带领团队开展省级以上智慧课堂、智慧学习研究与实践，将研究结果上升到理论层面进行推广

续表

一级指标	二级指标	三级指标	适应	迁移	深化	创新
教学实施		教学评价设计	知道以学生为中心，进行增值评价和过程评价的基本理念； 能够利用信息技术对学生进行评价	在实践中，不断学习增值评价和过程评价的成功经验； 能够引导、处理教学过程中学生的创新性思维、创新性问题，发现、培养学生的创新意识和能力； 有意识地选择信息技术进行评价	能够在多种环境下引导、处理教学过程中学生的创新性思维、创新性问题，发现、培养学生的创新意识和能力； 熟练掌握增值评价和过程评价方法； 能够利用信息技术更好地开展增值评价、过程评价、个性化评价、数据驱动的精准评价等； 作为骨干承担省级以上相关课题，将研究成果上升为典型案例进行推广	带领团队教师承担省级以上关于智慧教学评价的相关研究与实践，并将研究成果上升到理论层面进行推广
		组织与管理	知道国家对本科层次职业教育教学改革的有关要求，以及学校对教学方案设计的相关规定	不断学习优秀教学方案设计案例，作为骨干承担市级以上关于教学方案设计的研究工作； 在实践工作中不断加深国家对本科层次职业教育改革的有关要求的理解	作为骨干，承担省级以上教学方案设计的研究工作； 组织、指导教师开展教学方案制订工作； 发现学校关于教学方案编制文件中存在的问题，并提出修改建议； 能够通过教学方案编制进一步凝练专业特色	带领团队开展教学方案设计的研究，并将研究成果上升到理论层面进行推广； 制定、完善、修改学校关于教学方案编制、检查等的相关文件，将信息技术、绿色技术的相关要求纳入其中
	教学实施	教学组织与实施	提前5分钟到达教学场所，做好教学准备工作，包括实践教学条件、教具的准备，检查安全设施、危险性设施的完备性，确保安全、可靠； 能够利用信息技术进行教学管理； 掌握学生出勤情况，对缺席情况进行了解，督促学生按时出勤； 能够按照教学方案程序开展教育教学活动，掌控好时间进度，节点，准点上课、下课，守时守信； 实践教学方法正确、规范、安全，并采取预防性措施，避免发生安全事故； 处理好教学过程中发生的突发事件，保护学生安全； 在季节交替、气候突变时节，应及时提醒、指导学生采取保护性、预防性措施，避免患病	关注学生的学习表现并及时反馈和调整，完善教学内容和计划； 有意识地选择信息技术进行教学管理，提高管理效果	在多种教学环境下，以学生为中心，关注学生需求，鼓励学生进行探索与创新； 将传统教学管理方法与信息技术相结合，对学生进行个性化管理，提高管理效果； 作为骨干承担省级以上相关课题，将研究成果上升为典型案例进行推广	带领团队开展省级以上智慧管理研究与实践，并将研究结果上升到理论层面进行推广
		教学艺术与方法	掌握行动导向教学方法的基本技能； 具备自信和谦逊的心态； 对有争议的话题、观点既有专家学者的观点，又有自己的观点，鼓励学生探索、研究，阐述自己的观点； 个人情感因素融于课堂之中，既要讲透知识，又要渗透自己对知识的理解、感受和联想，促进师生情感共鸣，思维同步； 语言通俗易懂、生动、形象、幽默机智，感情饱满酣畅，使学生受到强烈感染，得到一种振奋的、美的享受，充分调动其学习的积极性、主动性； 口头语言、体态语言和书面语言配合使用，板书与多媒体课件配合使用	不断学习，熟练掌握行动导向教学方法； 有意识地利用信息技术进行教学； 作为骨干承担市级以上教研课题	学识渊博，对所讲授的课程及关联课程的内容充分掌握； 能够利用信息技术提升教学艺术； 作为骨干承担省级以上相关教研课题，并形成典型案例加以推广	带领团队承担省级信息技术加强教学艺术的相关研究与实践，将研究成果上升到理论层面，进行推广
		组织与管理	知道国家对本科层次职业教育教学实施要求，以及学校对教学实施的相关规定	在实践工作中不断加深国家对本科层次职业教育教学实施有关要求的理解	发现学校关于教学实施文件中存在的问题，并提出修改建议	制定、完善、修改学校关于教学实施的相关文件； 对上级主管部门关于教学实施的文件提出建议

续表

一级指标	二级指标	三级指标	适应	迁移	深化	创新
研究与改革能力	教研教改能力	教育科学研究	对标国家本科层次职业教育系列文件要求，发现日常教育教学过程中存在的不足和问题，调查、分析和研究其产生的原因，提出改进措施，并通过实践验证有效；参与教育教学研究、改革的合作项目，并承担相应研究任务；在国内外合法的学术期刊上发表研究成果、论文，宣传、推广研究成果	针对国家职业本科政策落地中的问题，作为骨干承担市级以上教研课题；在研究过程中，熟悉相关的研究方法，提高研究能力	能够开展国际职业教育比较研究，并担任骨干；能够将研究成果撰写专著出版或在中文核心期刊上发表；针对学校教育教学研究制度中提出的问题，提出改进建议	能够根据国际职业教育发展趋势预判我国职业教育改革发展趋势，为学校与上级主管部门提供建设咨询；制定学校教育教学研究制度；为上级主管部门制定教育教学研究制度提供咨询建议
		专业课程建设与改革	知道本科层次职业教育专业课程的设计理念、方法，包括信息技术、绿色技术要求；根据课程标准在专业人才培养方案规划、要求下，根据现代学徒制专业、在线共享课程、模块化课程、线上线下混合课程等建设，承担具体建设任务	在专业课程建设中，不断深化对本科层次职业教育专业课程设计理念的理解，以及信息技术、绿色技术在专业改革中的重要意义，熟练掌握方法	担任专业、课程负责人或第一主讲教师，进行专业、课程建设的系统策划、改进以完善；作为骨干的身份参与本科层次现代学徒制专业、在线共享课程、模块化课程等建设，并取得实质成果；能够将专业、课程建设的过程及成果形成典型案例加以推广	组织市场调研分析，负责构建新专业或进行专业方向调整，完善改进，从而达到教育教学需要；带领团队建设信息技术建设高层次现代学徒制、模块化课程等；带领团队建设本科层次现代学徒制专业、在线共享课程、模块化课程等建设；能够将建设经验上升到理论层面进行推广
		教材建设与改革	知道项目化教材、活页式教材等的编写要求；积极参加教材及相关配套编写、建设，承担具体编写任务	在教材建设过程中，深刻领会项目化教材、活页式教材内涵	担任主编或副主编，系统策划、编写教材及配套材料；将职业本科教育教学理念、职业本科学生职业素质与职业道德融于教材之中，将源于企业、高于企业的课程案例贯穿于教材各个单元，将与专业相关的新技术、新工业、新材料以及信息技术、绿色技术贯穿在教材中；教材配套材料宜包括教材网站、视频资料、多媒体教学课件、基于行动导向的教案、虚拟仿真教学包、教学道具；作为项目负责人将教材建设成果申报院级以及上部门立项或申请奖励；将教材建设经验总结为典型案例加以推广；针对学校教材建设制度中存在的问题，提出建议	系统策划、改进专业课程体系，组织规划专业课程建设；定期组织教师开展企业调研，充实吸收行业企业高水平技术人员、管理人员参与教材建设；能够将建设经验上升到理论层面进行推广
		实践教学条件建设与改革	知道国家和学校对本科层次职业院校实践教学条件建设要求；根据专业人才培养方案在专业课程的实验、实训、虚拟仿真实训设施、工具、物料和相应参数、数量；设计实践教学方案，并组织实施	根据专业人才培养方案和人才培养模式要求，择优选择校外实习基地企业，在实践工作中，不断提升实践教学条件建设能力	作为骨干参与科技创新平台建设、优质企业联合建设校外实训基地中；作为骨干参与省级以上相关课题研究，将实践经验总结为典型案例加以推广；针对学校实践教学运行管理制度存在的问题，提出建议	系统策划、完善学校实践教学体系，制定学校实践教学运行管理制度，以确保实践教学条件得到有效使用，从而达到预期的教育教学效果；带领团队开展省科技创新平台建设；带领团队承担省以上相关课题研究，将实践成果上升到理论层面进行推广；针对本科层次职业院校实践教学条件建设，为上级管理部门提供建议咨询
		教学资源建设与改革	知道国家和学校对数字资源建设使用的规定；能够使用数字化教学资源；积极参与视频、案例、习题、案例、实验项目、电子教材、实训项目、数据集的教学资源建设	开展数字资源建设与改革研究，作为骨干承担市级以上教研课题	作为骨干参与省级以上数字资源建设，并将建设经验总结为典型案例加以推广；对学校数字资源建设和使用过程中存在的问题提出建议	带领团队承担省级以上数字资源建设任务；带领团队承担省级以上数字资源建设课题，并将研究成果上升到理论层面进行推广；制定学校数字资源建设制度；就数字资源建设工作，为上级管理部门提供建议咨询
科技攻关与技术技能积累		工程设计研究	积极参与来自企业的实际工程设计开发项目，并承担具体任务；知道新材料、新工艺、新设备、先进制造系统和先进工程技术；具有现代工程设计理念，掌握先进的工程设计和开发方法及技术手段	在工程实践中，不断提升工程实践能力，熟悉新材料、新工艺、新设备、先进工程技术；承担来自企业的实际工程设计开发任务	具有独立主持和承担复杂工程项目的设计或按照市场需要开发新产品的能力；能够处理好工业产品和工程项目与环境保护、生态平衡、社会和谐和可持续发展的关系；为企业的数字化转型升级和绿色改造提供建议	带领团队，包括教师、行业企业人员、学生开展工程设计项目，取得显著成果
		工程技术创新	—	—	具有强烈的创新意识和创新精神，追求标新立异；能够突破思维定势，擅长各种创新思维方式；能够在工程实践、工程技术应用和工程技术开发中不断探索创新，取得实质性创新成果；为企业的数字化转型升级和绿色改造提供建议	带领团队，包括教师、行业企业人员、学生开展工程设计创新项目，取得显著成果
		工程科学研究	—	—	—	主持过一般工程项目或参与过大型工程项目的研究；能够将现代科学技应用于解决工程问题，并取得业内认可的成果；在工程科学的研究中能够注重工程活动与环境友好，强调工程的科技功能、经济功能、社会功能、文化功能、生态功能之间的互相协调

续表

一级指标	二级指标	三级指标	适应	迁移	深化	创新
服务能力	服务学生学习能力	服务学生技能大赛	知道技能大赛对提高学生职业能力的重要意义；掌握学校技能大赛的规则；能够作为指导教师指导学生参与学校技能大赛；正确处理荣誉与学生技能提高之间的关系	在实际工作中，不断提升相应的专业能力；掌握省赛规则，能够作为指导教师指导学生参与省级技能大赛	掌握国赛规则，能够作为指导教师指导学生参与国家技能大赛；对学校大赛规则中存在的问题进行完善；对服务学生技能大赛中的成功经验加以提炼，形成典型案例加以推广	带领团队参加国家技能大赛；对省级、国赛规则中存在的问题提出咨询建议；能够将如何提高服务学生技能大赛、学生技能大赛，如何提高学生职业能力等问题上升到理论层面，加以推广
		服务学生职业发展规划	在日常教育教学过程中，教师应对学生进行良好职业行为习惯养成的教育，并将职业规范融入教育教学中，培养学生的职业素质；将行业企业发展、产业与技术发展情况融于教育教学之中，使学生对自己的职业前景、职业规划有清晰、明确的认识；应根据自身的工作职责，为学生考取相关职业资格证书、技能等级证书、实习、就业提供正确的指导教育	在实际工作中，坚持了解行业企业、产业发展的最新动态；不断学习，熟悉行业企业的职业规范；不断学习，提高服务学生职业发展规划的能力	积极联系行业企业，为学生就业服务；对学校服务学生职业发展文件中存在的问题进行完善；对服务学生职业发展规划中取得的成功经验加以提炼，形成典型案例加以推广	带领团队为学生就业，以及就业后的持续发展服务；制定学校服务学生职业发展的相关服务；对省级以上主管部门服务学生职业发展规划的政策提出咨询建议；能够将服务学生职业发展中取得的经验上升到理论层面加以推广
		服务学生创新创业	在课程教学中融入创新思维、创新理念和方法；进行岗位创业教育和培养	在完成教育教学岗位工作中，提升相应的专业能力；学习教育教学管理、专业建设、经济管理知识，人力资源管理、人际关系方面的相关知识，寻求机会进行实践、训练，提高创业能力；集合专业建设、教学团队建设和学生管理工作，整合利用相关的人力资源、教学资源、物力资源，制订岗位创业计划，并组织实施	具备创新创业指导能力，开展学生创新创业指导、培训工作，组织学生参加创新创业竞赛；整合相关的人力资源、教学资源、物力资源，创造性开展岗位创业计划	在开展岗位创业、指导学生创新创业基础上，充分利用校及各级政府的优惠政策，牵头或主要参与自主创业；自主创业的企业产品应与专业技术领域相关，在创业和企业运营过程中进一步系统提高职业能力水平，为更好地开展教育教学工作奠定基础；规范化管理创业企业，通过国家规定的相关质量认证；作为紧密型校企合作企业，承担专业人才培养义务
	服务企业能力	智力支持	以科研的形式参与企业技术攻关，为企业解决技术难题；以提高自身实践能力为目的，参与企业具体生产过程	—	到行业企业进行相关技术指导，担任技术顾问，开展新技术推广应用与指导工作；参与行业举办的技术、学术交流咨询会议，并作为技术专家发表技术论文或报告	
		教育培训	为企业一线生产人员提供理论知识提升培训；为企业生产人员提供学历提升相关服务；能够用数字技术进行教育培训	—	制订企业员工培训方案	—
	服务国际交流能力	国际标准制定	—	—	积极参与制定国际标准	能够主持制定国际标准
		国际教育教学	—	参与国际教育教学	—	主持制定国际教育教学方案；主持制定相关管理制度
		国际企业员工培训	—	参与国际企业员工培训	—	主持制订国际企业员工培训方案；主持制定相关管理制度

续表

一级指标	二级指标	三级指标	适应	迁移	深化	创新
自我发展能力	专业成长	发展规划	熟悉理解本标准规定的教师专业能力内涵和要求，并准确评估自己目前的专业能力水平； 对照本标准，找出自己存在的差距和不足；制订个人年度职业能力发展规划、目标和实施措施，包括信息技术、绿色技术学习计划； 自觉按照计划开展相应工作，提高自身的职业能力水平	—	指导其他教师制订专业能力发展规划和实施措施； 为教师提高专业能力水平创造适宜的条件	—
		反思改进	通过反思发现工作中存在的不足和问题，通过分析查找原因，提出改进措施； 以自我反思、改进为主； 在自我反思的基础上，咨询有经验的教师； 利用数字技术促进反思与发展	—	—	—
		学会研究	根据个人专业能力发展规划和目标要求，制订阶段性的研究计划，并按照计划进行，理论与实践相结合，促进个人专业能力快速提高	—	—	—
	主动交流合作	沟通技能	把握交流主题，听懂他人谈话的内容并做出反应，能全面、准确地表达自己的观点，对于复杂性、系统性论题，能在正式场合进行讲演、表述；必要时，准备完备的书面资料、PPT资料、视频或图像资料予以配合； 通过阅读两个复杂主题的长篇文字资料（包括图表），能利用资料提供的信息清晰表达自己的观点、意见； 对于复杂的交流主题，能撰写两篇不同类型的文稿（其中一篇较长，包括图表），观点表示清晰、准确，逻辑思路清楚，语句精练、用词准确、版面编排、装订符合要求； 用心倾听他人的表达； 自己的表述清晰，语言、用词恰当，使他人能听懂并准确理解，不会产生歧义或误解	—	在主持会议或会谈中，能兼顾讨论各方的意见，围绕主题提示或鼓励他人发言，推动讨论深入进行，并对会议或会谈作出正确的总结、评估； 正确处理、有效解决下属或同事之间产生的矛盾、纠纷，在处理过程中，不使用诋毁、污蔑或歧视性语言，不产生肢体性冲突	—
		共同学习	知道国家、学校、所在团队关于教师学历提升、进修、培训的制度，积极参与各级各类培训； 参与教学团队工作或与他人合作完成项目的过程中，应做到：主动参与相关合作项目，并承担相应的任务；主动参与制订合作计划，并提出自己的建议；及时、有效地处理合作过程中出现的问题、矛盾，并提照要求完成合作项目；主动改善与他人合作的方式、方法，以促进合作项目保质保量、按时完成；通过合作与他人互相帮助、取长补短、共同提高专业能力。 在与合作企业开展合作项目时，还应根据合作企业的特点，做到以下几点： 遵守企业规章制度，并按照相关工作程序实施合作项目；自觉调整自己的心态； 融入企业文化中；虚心向企业员工学习，提高自身专业知识水平和职业能力；诚实守信，平衡、调节好学校、企业之间的利益	—	—	—

后　记

　　本书是山东省职业教育教学改革研究项目"本科层次职业教育研究与实践"（委托课题，课题编号2019002）的研究成果之一。吴梦军教授策划编写了体例和基本内容，并对书稿进行了修改与完善，刘欣副教授撰写了本书的第一、三、四、六章，马东岳教师撰写了本书的第二、五章，毕春晖副教授组织了本研究调查问卷的编制和发放，并在学校财金学院进行了研究成果的推广应用。在成书过程中，匡奕珍教授、毕华林教授、石忠教授、刘秉元教授、宗美娟教授、王建良教授对本书的编写提出了建议，李章泉教授、胡小林教授对本项目给予了多方指导与大力支持，在此一并致谢。

　　由于水平所限，在该课题的研究与书稿的写作中还有许多不尽成熟与完善之处，敬请各位方家予以指证。

著　者

二〇二二年十月十日

参考文献

[1] 闫智勇，吴全全，蒲娇.职业教育教师能力标准的国际比较研究[M].北京：中国致公出版社，2019.

[2] 吴卫东，骆伯巍.教师的反思能力结构及其培养研究[J].教育评论，2001（1）：33-35.

[3] 王亚盛.提升高职院校教师职业能力方法研究——职业能力结构要素与标准构建[M].北京：清华大学出版，2014.

[4] 温利群.创造型领导力的概念发展及其对组织创造力的影响研究[D].哈尔滨：哈尔滨工业大学，2017.

[5] 王琴.职业院校"双师型"教师胜任力结构探析[J].教师教育研究，2022，34（2）：53-60.

[6] 房亮，关志伟，蔡玉俊.本科层次职业教育教师专业能力模型构建与验证[J].职业技术教育，2022，43（8）：52-59.

[7] 陈霓.基于AHP的高校教师非学历教育胜任力模型研究[J].继续教育研究，2022（6）：18-23.

[8] 蔡玉俊，叶帅奇，赵文平.本科层次职业教育教师产教融合能力发展探析[J].教育理论与实践，2022，42（6）：23-27.

[9] 闫智勇，吴全全，蒲娇.职业教育教师能力标准的国际比较研究[M].北京：中国致公出版社，2019.

[10] 郑旭东，马云飞，岳婷燕.欧盟教师数字胜任力框架：技术创新教师发展的新指南[J].电化教育研究，2021，42（2）：121-128.

[11] 关怀庆.职业院校复合型技术技能人才能力培养分析与培育策略[J].南方职业教育学刊.2021，11（4）：95-102.

[12] 庄西真,职业院校教师的专业发展：内涵特征、阶段划分与实现路径[J].中国高教研究，2022（4）：97-102.

[13] 莫韦花，刘存香，戴晓云.职业院校教师能力评价体系探析[J].高教论坛，2021（4）：71-73；77.

[14] 张军红，马明.中国智造亟需更多高技能人才和大国工匠[J].经济，2022

(8)：82-86.

[15] 杨欣斌. 职业本科教育人才培养模式的思考与探索 [J]. 高等工程教育研究，2022（1）：127-133.

[16] 李莎莎. 工业4.0时代职教本科生职业核心能力培养的思考 [J]. 职教通讯，2022（12）：95-101.

[17] 毛文娟，朱芸. 高职大学生可持续发展能力构成体系与现状分析 [J]. 教育与职业，2015（9）：107-109.

[18] 王文彬，易雪玲，王春娟. 职业院校通用绿色技能教育的内涵及实现路径 [J]. 当代职业教育，2019（1）：22-27.

[19] 刘育锋. 贯彻可持续发展战略职业教育系统开发绿色技能 [J]. 中国职业技术教育，2017（34）：100-104.

[20] 李玉静. 绿色技能开发：背景、内涵及策略 [J]. 职业技术教育，2015（36）：11-17.

[21] 郑云翔，钟金萍，黄柳慧等. 数字公民素养的理论基础与培养体系 [J]. 中国电化教育，2020（5）：69-79.

[22] 林欣玉，关晶. 以职业教育促进欧洲经济复苏与绿色转型——解读《奥斯纳布吕克宣言》[J]. 中国职业技术教育，2022（18）：72-79.

[23] 应卫平. 应用型本科高校青年教师创新能力评价研究 [J]. 职业技术教育，2018，39（15）：40-43.

[24] 王文利，苏月. 日本本科层次职业教育的制度建构与人才培养实践——基于14所专门职业大学的考察 [J]. 中国高教研究，2022（7）：62-68.

[25] 张兆诚，曹晔. 应用技术型高校"双师型"教师标准：现状、问题与对策 [J]. 职教论坛. 2020，36（9）：78-84.

[26] 张海宁. 德国应用技术大学办学对我国本科职业教育发展的启示——以德国卡尔斯鲁厄应用技术大学为例 [J]. 中国职业技术教育. 2020（3）：49-53.

[27] 宫珂，程晋宽. 如何构建适合应用型高校的教师评价制度——以美国威廉姆斯学院教师评价制度为个案 [J]. 外国教育研究，2021，48（6）：3-20.

[28] 熊耕. 英国高校教师教学能力发展体制分析及启示 [J]. 外国教育研究，2018，45（9）：57-69.

[29] 朱伟文，宫新荷. 高等工程教育教师专业能力可持续发展的思考 [J]. 高教发展与评估，2020，36（5）：68-76；118.

[30] 林健. 胜任卓越工程师培养的工科教师队伍建设 [J]. 高等工程教育研究，2012（1）：1-14.

[31] 张妮，黄柳萍，郭治豪. 智慧教育时代职业教育教师信息化教学能力发展途径研究 [J]. 职业技术教育，2022，43（11）：28-33.